知识树丛书

学生最感兴趣的
200个世界未解之谜

XUE SHENG ZUI GAN XING QU DE
200 GE SHI JIE WEI JIE ZHI MI

徐井才◎主编

新华出版社

图书在版编目（CIP）数据

学生最感兴趣的 200 个世界未解之谜/徐井才主编．
—北京：新华出版社，2013.2（2023.3重印）
ISBN 978 - 7 - 5166 - 0390 - 1 - 01

Ⅰ. ①学…　Ⅱ. ①徐…　Ⅲ. ①故事—作品集—世界　Ⅳ. ①Z228. 1

中国版本图书馆 CIP 数据核字（2013）第 025038 号

学生最感兴趣的 200 个世界未解之谜

主　　编：徐井才

封面设计：睿莎浩影文化传媒　　　　责任编辑：江文军

出版发行：新华出版社
地　　址：北京石景山区京原路 8 号　　　　邮　　编：100040
网　　址：http://www.xinhuapub.com
经　　销：新华书店
购书热线：010 - 63077122　　中国新闻书店购书热线：010 - 63072012

照　　排：北京东方视点数据技术有限公司
印　　刷：永清县晔盛亚胶印有限公司

成品尺寸：165mm×230mm
印　　张：14　　　　　　　　字　　数：163 千字
版　　次：2013 年 3 月第一版　　印　　次：2023年3月第三次印刷
书　　号：ISBN 978 - 7 - 5166 - 0390 - 1 - 01
定　　价：42.00 元

宇宙之谜

自然之谜

气象之谜

动物之谜

植物之谜

史前文明之谜

宇宙之谜

宇宙，是我们所在的空间，"宇"字的本义就是指"上下四方"。宇宙一经形成，就在不停地运动着。科学家发现，宇宙正在膨胀着，星体之间的距离越来越大。随着天文学家更深一步地探索宇宙，众多奇特古怪的星体特性也更是一览无余。

宇宙是否有尽头

每当人们翘(qiáo)首仰望茫茫太空、神驰遐(xiá)想之时，总是有人要提出这样的疑问：宇宙究竟有多大？有没有尽头呢？

在太阳的周围，有地球、金星、火星、木星等大小不同的九个行星在不停地运转，这就是太阳系。那么在太阳系以外又是一个怎样的世界呢？那是一个聚集着约2亿颗像太阳一样

▲ 银河系平视图

的恒星的银河系。银河系像一块铁饼，直径为10万光年，中心部分厚度为1.5万光年。如果飞出银河系，又会到什么地方呢？在那里，有无数像银河系一样的世界，叫做星云。与银河系邻近的是仙女座流星群。这个流星群和银河系大小、形态大致相同，大约聚集着2000亿颗恒星。

1929年，美国的哈佛尔发现：所有星云正离我们远去。比如离我们约2.5亿光年的星座星云以每秒6700千米的速度，5.7亿光年外的狮子座星云以每秒19500千米的速度，12.4亿光年外的牵牛座星云以每秒39400千米的惊人速度，纷纷离我们而远去。

照这样持续下去，星云到达100亿光年处其运行速度将达每秒30万千米，这和光的速度相等。这样，所有星云的光就永远照射不到我们地球上来了。因此，100亿光年的地方将是我们所能见到的宇宙的尽头。再远处还有星云，但是由于光无法到达，我们也就无法观测了。当然这是一家之言，还有其他不同的解释。有人认为，宇宙呈气球形，它像气球一样不断膨胀，其中有些星云随之离我们远去。但到一定的时候，气球又会缩小，星云也会随之接近我们。还有人提出，宇宙是马鞍(ān)形，

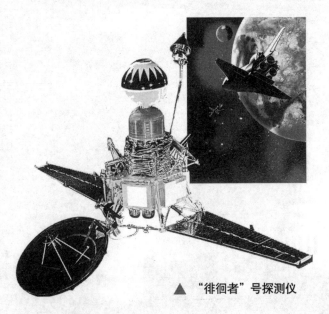

▲ "徘徊者"号探测仪

它如同马鞍，不断地朝着鞍的四个边缘方向扩展。按这一解释，在遥远的将来，星星将逐渐远离，夜空会变得单调寂寥(liáo)。不过，有人对此持不同意见，认为宇宙是永恒的。虽然它会无限地扩展，但在扩展了的空间还会产生新的星球，宇宙再怎样膨胀，还会增加新的星家族。因此，宇宙空间不会荒寂。究竟宇宙的尽头在哪里，人类目前还只能进行一些推测。

宇宙的年龄

说到宇宙的年龄，人类不能再用通常的尺度，不是用百万年，而是用亿年为单位。但对宇宙的年龄，科学家们只是在推测和估算，还没有找到一种绝对准确的方法。所以科学家们采用各种方法来取得能够接近真实的结果。用同位素年代法测量地球、月球和太阳年龄是一种好方法。经测定，地球年龄为40亿～50亿年，月球年龄为46亿年，太阳年龄为50亿～60亿年。运用这种方法测定宇宙年龄，天文学家布查测定的结果为120亿年。球状星团测定法是根据恒星演化理论来测算恒星年龄的一种方法，利用该法求得的宇宙年龄为80亿～180亿年。但是，人们对恒星进行观测发现，最老的恒星年龄约200亿年，因此，180亿年的年龄是不够的。那么，宇宙的年龄到底是多少呢？至今仍然是一个谜。

> **宇宙的诞生**
>
> 在大爆炸之后最初的极短的一瞬间，新生宇宙的热量产生了物质。当它冷却下来之后，出现了密集的由质子、中子和电子组成的原子雾。

宇宙是怎样产生的

浩渺(miǎo)无边的宇宙充满了无限神秘。宇宙究竟是怎样产生的呢？

1946年，美国科学家伽(jiā)莫夫提出"大爆炸"理论，初步阐(chǎn)释了宇宙的形成。

"大爆炸"理论认为，大约在200亿年以前，构成我们今天所看到的天体的物质都集中在一起，密度极高，温度高达100多亿度，被称为"原始火球"。这个时期的天空中，没有恒星和星系，只是充满了辐射。后来不知什么原因，"原始火球"发生了大爆炸，组成火球的物质飞散到四面八方，高温的物质冷却起来，密度也开始降低。在爆炸两秒钟之后，在摄氏100亿度

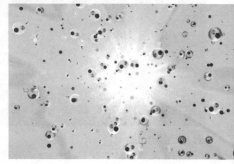

▲ 宇宙大爆炸的瞬间（电脑效果图）

高温下产生了质子和中子，在随后的自由中子衰变的11分钟之内，形成了重元素的原子核。大约又过了1万年，产生了氢原子和氦原子。在这1万年的时间里，散落在空间的物质便开始了局部的联合，星云、星系的恒星，就是由这些物质凝聚而成的。在星云的发展中，大部分气体变成了星体，其中一部分物质因受到星体引力的作用，变成了星际介质。宇宙就这样形成了。

不过，"大爆炸"学说只是关于宇宙形成的一种理论，目前尚未得到完整的证明。

> **星座的由来**
>
> 星座的历史很古老。据传，距今约5000年前，美索不达米亚地区的牧羊人在晚上看羊时，将星和星连接起来，想象成人或动物等形状，这就是星座的起源。后来，星座由商人传到希腊，并和希腊神话相结合。到了公元2世纪，一位名叫普莱德·伊奥斯的学者将它们归为48个星座，以后就这样一直延用下来。
>
> 1928年，国际天文同盟总会将整个天空统一划分出88个星座。但是，位于某一固定点的观测者，通常只能看到其中的一部分。

恒星的奥秘

恒星是指自己会发光，且位置相对稳定的星体。古人以为恒星的相对位置是不动的。其实，恒星不但自转，而且都以各自的速度在飞奔，只是由于相距太远，人们不易觉察而已。恒星都是十分庞大的天体，其主要成分是氢，其次是氦。在摄氏700度以上的高温下，4个氢原子会聚变成10个氦原子，同时释放出巨大的能量。这与氢弹爆炸的原理一样。在恒星内部，每时每刻都有许多"氢弹"在爆炸，使恒星长期不断地为一个炽(chì)热的气体大火球而发光发热。并且，越往内部，温度越高。即便是恒星的外表温度，也十分惊人。最低为摄氏200多度，最高可达摄氏4万度。恒星表面的温度决定恒星的颜色。恒星是宇宙中最基本的成员，对于任何恒星个体来说，它既有产生的一天，也有衰老死亡的一天。但一批恒星"死"去了，又会有一批新的恒星诞生。

恒星是由大团尘埃和气体组成的星云收缩而成。"星云"在拉丁语中就是云雾的意思。在星云的收缩过程中，星云物质的热量会增加，部分热量辐射到外部去，其余热量使星云物质内部的温度升高。到中心温度达摄氏1500万度时，恒星内部所产生的热量，与向外辐射的热量相当，这时候它会成为一个相对稳定的恒星，并进

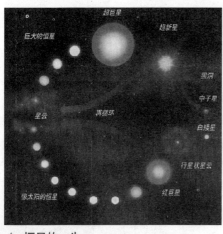

▲ **恒星的一生**

恒星从产生到灭亡，一般都有一个漫长的过程。上图表示的就是一颗恒星的一生。

入成年期。这一时期是恒星最稳定、最漫长的时期，它约占恒星一生90%的时间。目前，我们所能看到的恒星，绝大多数处在成年期。人类的衣食之源——太阳——离地球最近的恒星也是如此。

天狼星与金字塔

天狼星是夜空中继太阳之后肉眼能看到的最明亮的星，其中一个原因就是这颗星距离我们近。这颗大犬星座中最明亮的星出现在七八月份黎明前的天空中，而这两个月恰好是全年最热的时候，因此又叫"炽热的犬"。

在古代埃及，人们对它十分敬畏，因为掌管着尼罗河的它一旦在黎明前出现在东方，就意味着河水的泛滥。而这条河又为两岸带来肥沃的泥土，使人们丰衣足食。

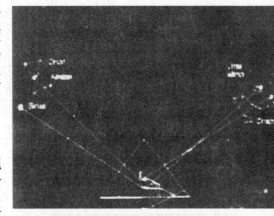

▲ 天狼星与金字塔的某种神秘的联系

天狼星可以称得上是一颗标准的恒星，它的质量是太阳的2.5倍，而伴星的质量却是太阳的96%。虽然天狼星具有太阳般重的质量，却只有两个地球般小的身躯，可见它的平均密度极大，一个立方厘米竟然重达30千克，这样奇怪的天体在当时还是第一次发现，大家认为它是恒星家族中一个畸(jī)形发展的怪物。而巨大耀眼的天狼星拥有这样一个小不点儿的伴侣确实让人吃惊，最初连天文学家都不能接受这个事实。

在计算天狼星伴星的运行轨道时，人们发现它的椭圆偏心率正好是0.618，这跟数学上的黄金分割一样，可这个规律最早是由古埃及人发现的，他们造的金字塔和神殿，底边和高之比常常用到黄金分割。古人是怎样发现这个规律的呢？有人怀疑它和天狼星的存在有一定的关系。但是古代人没有观测仪器，是如何求得这个偏心率的呢？这正是天狼星的神秘莫测的韵味。

▲ 夜空中最亮的天狼星

宇宙长城

　　根据天文学家估计，在银河系以外约有上千亿个河外星系，每一个星系都是由数万乃至数千万颗恒星组成的。河外星系有的是两个结成一对，有的则是几百以至几千个星系聚成一团。现在能够观测到的星系团已有1万多个，最远的星系离银河系约70亿光年。河外星系的结构和外形也是多种多样。

　　1926年，美国天文学家哈勃根据星系的形态，把星系分为旋涡星系、椭圆星系和不规则星系三大类。后来又细分为旋涡、椭圆、透镜、棒旋和不规则星系五个类型。各种星系中，离银河系较近的星系是麦哲伦云星系和仙女座星系。

▲ 旋涡星系

　　麦哲伦星系，包括大麦哲伦和小麦哲伦两个星系，它们是离银河系最近的星系，也是银河系的两颗伴星，离银河系分别为16万和19万光年。它们在北纬20度以南的地区升出地平面，是银河系附近两个清晰可见的云雾状天体。

　　仙女座星系，又被称为仙女座大星云。它用肉眼能够看到，亮度为4度，看上去仿佛一个模糊、暗弱的星系。

　　前不久，美国天文学家宣布发现了迄今为止最大的发光结构——一道由星系组成的长为5亿光年、宽为2亿光年、厚约为1500光年、离地球2亿～3亿光年的"宇宙长城"。这座巨大的"宇宙长城"其实就是一个巨大的河外星系。

▲ 银河系俯视图

星云种类知多少

　　一般说来，星云是由弥(mí)漫在星际空间的极其稀薄的气体和尘埃组成的。星云的体积和质量特别大，密度和温度特别低。一个普通星云的半径约有10光年，质量至少有上千个太阳的质量。但是它的平均密度一般不超过每立方厘米几百个质子和电子，约为10～20克/厘米³，温度在200℃以下，一般自身不发光，我们看见的云雾状光斑，主要是因为受附近恒星照耀而引起的。

恒星和星云在一定条件下可以互相转化，星云可以收缩而形成恒星，恒星形成后又可以大量抛射物质到星际空间，成为形成星云的原材料。

就星云的形态来说，可以分为行星状星云、弥漫状星云、球状体。

行星状星云的形状像大行星，有一个正圆或扁圆形的表面，大小在2光年以下，质量只有太阳的几百分之一到十分之一，物质密度很小，每立方厘米内

▲ 天鹰星云中心部分的暗星云

只含有几百到几万个原子。中央有颗灼热表面温度高于3万摄氏度的恒星，由于受中间亮星的影响，是亮星云。至今，已发现一千多个。估计银河系星的行星状星云总数应该有四五万个。一般认为，恒星抛出星云之后，它的体积开始迅速收缩而光度和温度迅速上升，不久之后，光度和温度又迅速下降，而过渡到死亡阶段。因此，行星状星云的出现说明它的中心星已演化到晚年。

弥漫状星云的形状不规则，没有明确边界，体积比较大，直径达几光年到几十光年，质量则从太阳质量的几分之一到几千倍，多数在10倍左右，它的密度更小，例如猎户座内的弥漫星云每立方厘米仅含有几十个到一千个质子。

球状体是亮星云背景下见到的小的近似圆形的暗星云，它的密度较密，完全不透明，直径只有0.2～1光年左右，比行星状星云更小，它可能处于形成恒星的过程中。

对于星云种类的探讨，对我们更确切地把握恒星的演化具有重大意义。

类星体究竟是什么

类星体是20世纪60年代著名的天文学四大发现之一。类星体是至今我们发现距离最远又最明亮的天体。科学家称其为类星体，是因为它像恒星又不是恒星。到目前为止，已经发现的类星体有数千个。

1960年，美国天文学家桑德奇用当时世界最先进的望远镜，看到一个名叫

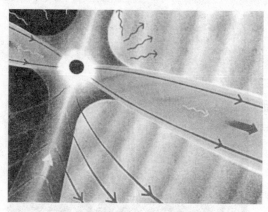

▲ 红移活动星系中心核想象图

3C48的射电源。但很快发现它并不是一个射电星系，而是一颗星星。这颗星很暗，颜色发蓝。3年后，另一位美国天文学家施米特发现了一个类似3C48的射电源3C273。施米特对射电源3C273进行光谱分析，发现在这个天体上，并没有什么地球上未知的新元素，不过是普通的氢光谱线。所不同的是，这些元素的谱线都向长波方向移动了一段距离。天文学上把这种现象叫做"红移"。根据美国天文学家哈勃在1929年总结出的规律可知，红移的大小同星系与太阳系的距离成正比，红移越大，星系距离太阳系也就越远。由此，可以推算出这些星体远在几十亿光年甚至上百亿光年之外。换句话说，在这些类星体发光的时候，我们的太阳系还未形成呢，因为太阳系只有50亿年的历史。

> **类星体**
>
> 指用射电望远镜观测到的天体。它距离很远，没有星云状的膨胀外形，且发光亮度与发射电磁波的强度都远远超出银河系星云。它的真实身份尚有待确定查明。

时光能倒流吗

电影情节中经常描绘的时光旅行，现实生活中到底可不可能发生？专家们认为在理论上是行得通的。人类只要设法研发出能以光速前进的时光机器，自由穿梭时空，绝对不是问题。美国物理学家福特和罗曼认为，爱因斯坦的相对论并没有严格排除快于光速的旅行或"时光隧道"旅行。而现今的天文学研究结果表明，有一种星体的速度超过了光速，它就是类星体。

1977年以来科学家发现证实，一颗被命名为3C273的星体内部有两个辐射源，并且它们还在相互分

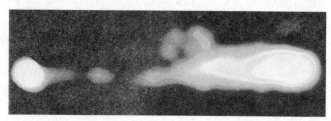

▲ 最远的类星体

美国的科学家利用伽玛射线望远镜，发现离地球约110亿光年的4C71.07类星体，这是科学家发现离地球最远的类星体。而其核心的黑洞的质量是相等于数百万个太阳的质量。科学家相信，银河系可能曾经是一个类星体，经过数百万年的进化，最后安定下来。

离，分离的速度竟高达每秒288万千米，是光速的9.6倍。不仅如此，继此之后，人们还相继发现了几个超光速的类星体。简直不可思议！因为迄今为止地球上的人类普遍认为，光速是不能超越的。然而上述发现又是那样的奇特，不能不让人感到困惑不解。

吞噬一切的黑洞

什么是黑洞呢？顾名思义，黑洞是不会发光的，黑糊糊的一处空间。它不是通常意义上的星体，而是空间的一个区域，一种特殊的天体。它具有极强大的引力场，以至任何东西，甚至连光都不能从它那里逃过。它成为宇宙中一个"吞食"物质和能量的陷阱。它是当代科学"六大悬案"之一，科学家苦苦追寻它将近200年了，试图揭开黑洞这个神秘天体的面纱。

黑洞最早被指出存在，并假设它为一个质量很大的神秘天体，是在1798年。当时法国的拉普拉斯利用牛顿万有引力和光的微粒学说提出这一见解。他认为，假如有一个天体，它的密度或质量达到一定的限度，我们就看不到它了，因为光没有能力逃离它表面的吸收，也就是说，光无法照出它的形状。1916年，德国物理学家史瓦西预言存在五种不旋转、不带电的黑洞（称为"史瓦西黑洞"）。他当时就已算出，若要成为黑洞，一个质量如太阳的星体，其半径必须缩到3千米，而地球则需压缩到半径为0.9厘米。史瓦西提出的黑洞概念在当时未受到人们的普遍重视。

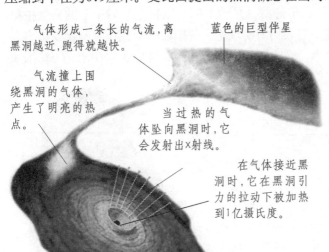

气体形成一条长的气流，离黑洞越近，跑得就越快。

蓝色的巨型伴星

气流撞上围绕黑洞的气体，产生了明亮的热点。

当过热的气体坠向黑洞时，它会发射出X射线。

在气体接近黑洞时，它在黑洞引力的拉动下被加热到1亿摄氏度。

◀ **天鹅星座V404上发现的黑洞**

当黑洞靠近另一个星球时，它那巨大的引力会把粒子或气体从星球那儿吸走。这些东西被拉进一个气态螺旋形旋涡。这个旋涡中的气体被加热到摄氏几百万度并发出X射线。科学家们正是从这些闪烁着的大功率X射线证实了黑洞的存在。

▲ 可怕的黑洞可以吞噬真实的宇宙物质

黑洞吞食周围物质的方式有两种：一种是拉面式：当一颗恒星靠近黑洞，就很快被黑洞的引力拉长成面条状的物质流，迅速被吸入黑洞中，同时产生巨大的能量（其中包括X射线）。另一种是磨粉式：当一颗恒星被黑洞抓住之后，就会被其强大的潮汐力撕得粉身碎骨，然后被吸入一个环绕黑洞的抛物形结构的盘状体中，在不断旋转中，由黑洞慢慢"享用"，并产生稳定的能量辐射。

直到1965年，当人们测到一束来自天鹅星座的X射线时，才真正打开了探测黑洞的大门。被探测到的这一奇特的天体，被当时的天文学家命名为"天鹅座X-1"。经研究证实，这是一个明亮的蓝色星体，它还有一颗看不见的伴星，这颗伴星质量是太阳的5～8倍，但人们看不到它所在的位置。到目前为止，这是黑洞最理想的候选者。20世纪70年代，世界著名的物理学家霍金把量子力学与广义相对论综合起来，进行黑洞表面量子效应的研究，才使黑洞理论向前推进了一步。

月球是外星人的基地吗

宇宙飞船"月球轨道2号"在宁静海（月球上的平原）上空49千米的高度拍摄到月面上有方尖石，这一发现引起人们纷纷议论。美国科学专栏作家桑德森提出："这些方尖石底座的宽度为15米，高为12到22米，甚至有可能达到40米。"法国亚历山大·阿勃拉莫夫博士对这些方尖石和分布作了详细的研究，他通过计算方尖石的角度，断定石头的布局是一个"埃及的三角形"。他认为，这些东西在月球表面的分布很像埃及开罗附近金字塔的分布。在宁静海的方尖石照片上，人们还发现了极其正规的长方形图案。这不可能是方尖石本身就有的，而是人为地刻在上面的。

1969年，人类登上月球后，地球人发现月球上并没有生物生存的迹象。不过，科学家分析研究了从月球带回的月岩标本后作出了一些猜测。前苏联天体物理学家米哈伊尔·瓦西尼和亚历山大·晓巴科夫说："月球可能是外星的产物，15亿年来，它一直是外星人的基地。

▲ 阿姆斯特朗——第一个登上月球的人

月球是空心的，在它荒漠的表面下存在着一个极为先进的文明。"在美国阿波罗计划进行中，当两名宇航员回到指令舱后，"无畏"号登陆舱突然在月球上坠毁。设立在离登陆舱坠落处70多千米远的地震仪，记录到了这次持续15分钟的"震荡声"。"声音"越来越远，慢慢减弱，前后达30分钟，仿佛是一只巨钟发出的美妙的乐音。这种现象在空心的星球上才会出现。如果月球是实心的，那么"声音"只会延续1分钟。

▲ 美国宇航员在月球上。

　　"阿波罗11号"宇航员阿姆斯特朗在回答休斯敦指挥中心的问题时吃惊地说："这些东西大得惊人！简直让人难以相信。我要告诉你们，那里有其他的宇宙飞船。它们排列在火山口的另一侧，它们在月球上，正注视着我们。"美国无线电爱好者播报到这里，无线电信号突然中断。阿姆斯特朗看到了什么，美国宇航局没有作出解释。

　　"阿波罗15号"飞行期间，斯科特和欧文再次登上月球。在地球上的沃登十分吃惊地听到（录音机同时录到）一个很长的哨声，随着声调的变化，传出了由20个字组成的一句重复多次的话。这哨声可能是月球人的语言，这种语言使宇航员同休斯敦指挥中心的一切通信联系切断。月球真的是宇宙人的基地吗？这至今还是一个谜。

外星人是否存在

　　最近，在电视、漫画等科幻作品中，各种各样的外星人陆续登场亮相，因而谈到外星人，或许大家并不感到惊奇。如果在宇宙的某个地方真的有外星人存在，并且同我们能相互通信，相互见面，这一定会成为人类历史中极为有趣的一幕。

　　究竟有没有外星人呢？外星人发出的电波，是否真的传到过地球上来呢？这是许多人感兴趣的东

▲ 外星人

▲ 外星人经常出没于神秘之地

西。

1961年，美国国立电波天文台的科学家们，开始着手实施一项如同梦幻一般宏伟的"奥兹玛(mǎ)计划"。该计划认为，在无垠的宇宙空间某处，如果有智力发达的外星人存在，他们一定会试图同其他星球上的生物通信，并不断发出电波信号。因此，我们一定要试着接收这种信号。于是，选定红星座和鲸鱼星座的各一颗星球作为目标，用高倍电波望远镜进行观测。之所以选择这两颗星球作为观测目标，主要是因为这些星球是位于10光年处的离地球较近的恒星，通过对这两颗恒星的长年观测，人们发现，它们仿佛喝醉了酒一般，摇摇晃晃，故而推测其周围一定有肉眼看不见、但能带来引力的行星天体。假如真有行星的话，那么是否会有智能发达的生物呢?就这样，为了寻找地外未知行星上传来的外星人的电波，天文学家们开始了百折不挠的观测工作。

可是，没想到，这个充满幻想、令人为之雀跃的计划，在实施过程中，因需大量资金，加之其他许多观测项目的上马，故而只进行了不到一年就被迫中止了。从那以后，接收外星人电波的试验工作一度中断，直到20世纪70年代才再次开始。目前，美国的科学家们仍在热心地进行着探测工作。

仅仅接收外星人的信号似乎乏味了些，人们还着手从地球上向外星人发射信号的试验。在探索木星和土星的探测器"先锋号"上，载有"致外星人的信"，在另

矮人型外星人

1954年12月19日，在委内瑞拉的一条公路上，一个叫何塞·帕拉的人正在跑步。

当他跑到一大片坡地附近时，突然看见有6个小矮人正在公路旁拣一些石块。他们把这些石块装进一个圆盘状的物体中，这个物体当时就悬浮在半空中，离地面并不高。

何塞·帕拉从没见过这么矮小的人和飞行物，他有些害怕，连忙逃跑；但是，他的脚步还没迈开，就被一个小矮人发觉了。小矮人迅速地用一个小器械对准他，小器械发出紫色的光芒，使他根本无法动弹，就像施了定身法那样。

很快，这些小矮人停止了活动，纷纷跳进不明飞行物中。飞行物迅即消逝。这时，何塞·帕拉的手脚才又重新能活动了。他马上把这一情况报告了警察。

一小时之后，一个耀眼夺目的圆盘状不明飞行物在这附近的空中飞驰而过，人们都惊奇地睁大眼睛望着这奇怪的东西，它是否就是人们说的飞碟？这些小矮人是不是"矮人型类人生命体"呢？是什么样的生态环境造就了这批矮人呢？

一艘探测器上，装上了有地球人声音的录音。这些探测器在摆脱太阳系的束缚，朝着宇宙的远方飞去，它们到底能否同外星人相遇，人们正拭目以待。

外星人是否确实存在，或根本就不存在，弄清这些问题，似乎是一件十分遥远的事情。但是，人们已经找到了推测宇宙中充满生命这一事实的依据，那就是宇宙空间的种种分子的发现。

我们已经知道，在星和星之间的广大宇宙空间，存在着像氢原子那样的更为简单的物质，人们称之为"星间物质"。但是最近，通过用电波望远镜观测，发现了许多由原子黏(nián)合在一起形成的分子，其中还找到了许多由构成我们人体的主要物质蛋白质和氨(ān)基酸等所形成的有机物(碳水化合物)的分子，这不能不说是个惊人的发现。

▲ 人们假想中的外星人

在冰冷的、近似真空的宇宙空间，为什么会产生这种分子呢？简直令人不可思议。科学家们正为此绞尽脑汁苦苦思索着。

宇宙中遍布有机物分子，的确出人意料，这是一个重大的发现。它说明宇宙中充满了构成生命的物质，或许它们在宇宙的各处正以多种多样的方式诞生着新的生命。

或许在将来的某一天，在遥远的宇宙尽头，我们会真正找到宇宙人，那时大家手拉手，欢呼雀跃，这并不是一个幻想。

有人目击UFO吗

▲ 这对夫妇近距离目击了UFO

1981年7月24日，发生了世界史上最大宗的UFO目击事件。横跨西藏自治区、四川、青海、甘肃、贵州、湖北、河南、广西、云南、陕西、山西等十多个省的广大区域，出现了UFO，目击人数据说超过100万人，目击者除了一般的民众，还包括了各省、各自治区的气象学家和天文学家。

UFO出现的时间约在7月14日的晚上10点30分到11点30分，约1小时，在各地域大

▲ 外星人在一片光芒中走下UFO。

约出现了1分钟之后，然后消失移往他处。这个物体最初只像一颗星星，不久便开始慢慢旋转，从中心部分发出的尾光呈螺旋状，尾光光圈有五六层之多，外层闪着紫红色光芒。

根据四川省的目击者说，这个螺旋状光环的中心部位，是以逆时针方向在旋转。中心部分有着极刺眼的光，到了外面，光的强度则较中心减弱，很多目击者对该物的描述大致相同。

四川省西昌市就有300人看到这个东西，在晚上10点35分左右，在看露天电影的他们，看到这个物体从西北方的天空，慢慢地横穿到西南方的天空，大家霎时目瞪口呆，也不管电影在演什么，纷纷闹哄哄地骚动起来，物体在1分钟之后，就消失了。

虽然此事件有众多的目击者，但是用照相机将这奇观拍下来的人仍旧是少之又少。四川省灌县的吴志宏是其中之一。他所拍的两张照片，被刊登在中国唯一的UFO专门杂志《飞碟探索》上。这两张照片虽然清楚地将夜空中椭圆形的光拍下来了，但很可惜的是螺旋状的尾光，在照片上却没有被拍下来。除了吴志宏的照片之外，还有其他颇(pō)令人注目的照片。青海省在10点40分左右所拍摄到的是，斜躺在夜空中的一个会移动的棒状的光。这是一张清楚的、移动中的发光体的照片。螺旋状的发光体，为什么会变成棒状的发光体呢? 中国某个UFO研究者作了以下的说明:"因为他拍到的是发光体的侧面，所以才成为棒状的东西。"这似乎增加了这件事的可信度。

UFO从何而来

1947年6月24日，美国年轻的实业家凯纳斯·阿诺尔德处理完一天的事务，驾驶私人飞机返回自己的住地。当飞机飞经俄勒(l-)冈州的喀(kā)斯喀特山脉上空时，阿诺尔德忽然发现9个闪光物体正在编队飞行……

一开始，阿诺尔德以为是编队飞行的飞机，可仔细一看，它们与飞机的形状完全不同。这些飞行体犹如两个咖啡杯的托碟复合在一起，时速约达2000千米，转眼间就从阿诺尔德的视野内消失了。

当这条新闻在报纸上登出后，引起强烈反响。不断有人打电话到报社，声称自己也看到过类似的飞行体。仅10天，美国有33个州都报告有不明飞行物的目击者。其后，在南北美洲、欧洲、非洲和亚洲的许多国家，都有人声称见到过这种不明飞行物体。10年间，全世界的目击者据报告达1万人以上。因为这种不明飞行物体的形状像个碟子，许多国家便称它为"飞碟"，英文简称

▲ 在非洲沙漠中经常出现UFO

UFO。凯纳斯·阿诺尔德也就成了UFO的最初目击者。

研究飞碟的权威人士认为，大多数人都把普通的飞机、流星等误认为是飞碟，也有心术不正者故弄玄(xuán)虚，耸(sǒng)人听闻，只有2%的人可能看到从外星来访的真正的人工飞行体。许多科学家连这2%也予以否定。他们认为，所有的目击事件，都是人们视觉上的错觉造成的，地球上的幽魂——UFO实际上是人们自己在作怪。只要科学无法证实飞碟和宇宙人的存在，就无法承认飞碟的客观存在。

银河系有1000亿颗以上的大小恒星，它们有的同太阳一样拥有自己的行星。也许有的行星如同地球一样孕育着不断进化的生命。因此，到目前为止，还不能断然否定宇宙中可能生活着像我们人类或比我们人类更先进的生物。也许正是他们乘着飞碟不断来地球探测访问。目前许多国家的科学家正在加紧对UFO进行研究。相信在不远的将来，UFO的神秘面纱一定会被人类揭开。

外星人是什么模样

据报道，前苏联"礼炮6号"太空船在太空飞行中曾遇到过一个银色圆球体。它悄悄地进入了前苏联太空船的飞行轨道，开始和它并行。最初的24小时，这个银色圆形体始终与"礼炮6号"保持约1千米远的距离，看不清里面的东西。第二天，这个飞行物突然飞近，在相距100米时，前苏联宇航员通过望远镜看到，圆球共有24个窗口和3个较大的圆孔，透过圆孔看到了里面3个跟人类差不多的面孔。据宇航员回忆，这3个外星人浓眉大眼，鼻梁挺直。令他们惊讶的是，他们的眼睛比人类的眼睛大两倍以上，但面部没有表情，皮肤呈棕黄色。后来，圆形体越飞越近。当距离只有3米远时，一名宇航员拿起导航图向外星人展示，对方也拿出一张导航图

▲外星人有着闪亮的眼睛

展示，上面还绘有我们的太阳系。另一名宇航员竖起大拇指向外星人致意，外星人重复了同一动作。第三天，宇航员看到，外星人离开圆形体，在太空漫步。他们没有太空衣，也没有供呼吸的装备。第四天，该圆形体才消失在太空中。

另据报道，曾有一外星男婴降落在前苏联。1983年7月14日晚8时，前苏联中亚地区群山环抱的索斯诺夫卡村上空突然出现了一个发光体，照亮了群山和村庄。几秒钟后，空中传来了几声巨响，震撼了山谷，方圆20千米以内的山民都听到了巨大声响。在山村的一片空地上，人们发现了一堆冒烟的残骸。它是一个圆形飞行物，直径约30米。24小时后，天上又掉下一个球体来。苏军赶去封锁了现场。前苏军上校埃马托夫说，在那个直径约1.5米的球体里面，有一个外星男婴。男婴是一架出事的外星宇宙飞船在危急时释放在空间的，他和球体平稳地降落在地球上。医学专家们对这个男婴进行了护理和抢救。男婴活了近3个月，在10月3日死去。据医院的X光透视，他的机体结构跟地球人一样，但手指、脚趾间有蹼(pǔ)，说明在水中生活过，眼睛也呈奇怪的紫色。另外，男婴心脏特别大，脉搏较慢。令人费解的是，其大脑活动比我们成年人还频繁。他还可以长时间地不吃东西，从来不哭，据分析男婴可能有1岁。

文明古国的UFO

公元前1450年，古代埃及法老莫塞斯三世时期，发现一张莎草纸上记载着飞碟现象，被认为是人类最早关于飞碟的记载。那张纸上是这样记叙的：22年冬季的第三日6时，生命六宫的抄写员看见天上飞来一个火环，无头，长一杆（5.5米），宽一杆，无声无息。抄写员惊慌失措，俯伏在地……数日之后，天

▲ 苏美尔人塑像

▲ 苏美尔楔(xiē)形文字

上出现更多的此类物体，其光足以蔽日。法老站在道中，与士兵静观奇景。随后，火环向南天升腾。法老焚画祷(dǎo)告，祈求平安，并下令将此事录在生命之言的史册上，以传后世。

《摩诃(hē)婆罗多》是著名的古印度史诗，其中就有所谓神灵的"天车"和"武器"的描绘。其中有一段是这样说的："在拉马的命令下，这辆富丽堂皇的车冉冉上升，升上云烟缭(liáo)绕的高山，发出巨大的响声……""维马纳斯(天车)在一根巨大的光柱上飞行，光柱亮如阳光，飞行声有如暴风雨中的雷鸣……"

这很像是对飞碟的描述。

古代，苏美尔人住在中东一带。他们有十分丰富的天文知识，对于一些恒星和围绕它旋转的行星，了解得很多；绘画中星星的样子和今天我们所画的差不多完全一样；所掌握的月球自转周期和凭借精密仪器观察所得到的结果，只差0.4秒。

在苏美尔人居住过的埃及库云底亚克山上，人们发现了一道计算题，其结果是195955200100100。是个15位数，而古希腊最发达的计算技术，也才只有5位数。

具有异乎寻常智力的苏美尔人，神秘地从地球上消失了。人们很自然地想到，这可能与外星人有关；而丰富的知识也许就来自外星人。在苏美尔人的史诗中，主人公曾被"铜爪巨鹰"带上天空，非常逼真地描绘了从高空俯视大地的景象和感受。如果不是借助登上高山所引发的想象，就是真的有人曾借助某种工具"上天"过，"铜爪巨鹰"会不会是古人对于"飞碟"的理解呢？

来自外星的信号

1924年，火星大冲时离地球最近。当时，人们纷纷议论火星上会不会有文明生物存在，并给地球发出某种无线电信号。无线电专家C.弗朗西斯·詹金斯研究了一套接收信号的设备，并由美国天文学家戴维·托德博士进行实验。经过4天的运转，当洗出内装的胶卷后，发现照片一侧有很规则的连续点线。胶卷上有些反复出现的影像。

1928年，著名北极光研究专家C.史托麦教授，发现荷兰恩覆芬的菲利浦实验所的强短波站，以31.4米波长发出的电信号，收到的无线电回声延迟了几秒钟。无线电波每秒钟的穿越速度是30万千米。这就是说，如果电波或雷达向月球发射，电

▲从光芒中走出来的外星人

波在1.25秒之内就会碰上月球，电波发出2.5秒后就会收到回声。向金星发射电波收到回声要5分钟，向火星发射电波收到回声要9分钟。因此，据延迟现象，有人推断太空中存在另一种未知的反射物体，它的位置正好比月球远一些，但不会远到金星或火星那里。

发明家尼古拉·泰斯拉1899年在发明日记中记下了收到天外信息的情况："我记录下来的这种变化都是呈周期性出现的，而且在数目和顺序上明白地暗示了它们不可能被追溯(sù)到我们迄今已知的任何原因。直到后来，我才突然醒悟：我察看到的这一现象可能由智力控制所引起的。我越来越感觉到，我是听到了一个行星向另一个行星致意的第一个人。"G.马可尼是早期无线电专家，1921年9月，他在地中海的装有巨型无线电收发机的快艇上收到了一种波长15万米的信号。当时世界上使用的最大波长是14000米。接收的这种信号很有规律，也不可能是电气干扰所引起的现象。而信号却无法破译，显然是密码。马可尼认为这一定是"来自太阳系内的某个别的星球"。

飞碟外观

1947年起草的美国空军一份秘密文件中对UFO是这样描述的：

1.金属表面反射出亮光；

2.物体在高性能条件下运动，没有排烟；

3.呈圆形或椭圆形，底部扁平，上部为圆顶形；

4.几次飞行发现呈几何图形编队，通常由3个至9个飞行物编成一组；

5.在正常情况下，没有任何声音，仅有三次听到巨响。

1977年，美国科学家为自述曾遭遇UFO的公民安德列森·贝蒂进行了一年的调查，实施10多次催眠术，写出了三本达528页的秘密报告，使全世界的飞碟专家和许多科学家为之震惊。

"……许多莫名其妙的谜一样的事物将会出现……聪明的人会明白那是怎么回事。因为地球上存在着腐败和罪恶，所以那些谜一样的事物必须像现在这样不露真相。如果它们被揭示于众，人们会利用它们。……他们打算到地球上来，人类会因此而害怕。人类将会感到吃惊……在地球上，还有许多像我这样的人在大脑深处锁藏着秘密。……等时机一到，那些秘密将会被揭示出来。"

被UFO劫持的人

1961年9月19日深夜，加拿大邮局职员巴尼和他的太太贝蒂在驱车赶回家的路上，发现一个飞行物从天而降，在离他们前面30米的空中停下，然后，他们看到里边有六七个奇怪的人影正在紧紧盯着自己。他们想逃跑，但马上便失去了知觉。两个小时后他们恢复了知觉，却都不知刚才发生了什么事，只是感觉浑身无力，连话都不想说，好像发生了什么重大事情，但怎么也记忆不起来。回家后，夫妇二人每天晚上都做噩梦，精神备受折磨。

▲ 巨型UFO出现在伦敦上空

经精神疾病专家实施催眠治疗术，他们逐渐清晰地记起了事件的全过程，坚信那天遇到了外星人。外星人把他们带进飞行体，对他们进行了全面的身体检查和实验。

1968年2月12日，巴西圣保罗州的路易斯·弗洛西诺先生在早晨5点40分，忽然听到附近一片树林中传来一种奇怪的树木的摇晃声。同时他感到腰部被一股力量拉住，那力量把他拉出门外，悬在半空中。他竭力挣扎，鞋子脱落在地，身体一直被吸入200米远的树林里，然后又跌落在地。这时，路易斯·弗洛西诺发现，他的境况是由两个面目"可憎"的小矮人造成的：这两个人的身长还没有他1.2米的儿子高。他们的眼睛不对称，长发披在肩上。他们用奇怪的语言嘀咕一阵，其中一个还在弗洛西诺脸上打了一拳。弗洛西诺从地上爬起来就向小矮人扑去，他们三个扭打成一团。后来，两个怪人又嘀咕几句，然后用葡萄牙语说："现在我们要走了，因为同你无法施展我们的力量。"弗洛西诺紧追不舍，抓住矮人的头发，可是他却不能令矮人停步，矮人消失在树林里。弗洛西诺的狗自始至终跟随着主人，当接近矮人之后，

▲ 很多人见到UFO钻入水中

它痛苦地在地上打滚。事件发生1个月以后，这只狗死去，身体肿得很大。调查人员在当天就赶到了事发的现场，发现草地上有一道道的痕迹，树林边缘有格斗过的迹象。弗洛西诺被当地人公认是一个老实诚恳的人，他后来知道，当天有人曾看到一个UFO在那片树林不远处的稻田里着陆。

与UFO交战

1968年7月25日，在阿根廷首都布宜诺斯艾利斯西南的奥拉瓦里亚，驻守该地的步兵团的1名下士和3名士兵得到发现UFO的报警，立即跳上一辆吉普车，驶向附近一个机场。他们看到有一椭圆形的扁平的五色"发光体"正准备降落在机场的备用跑道上。该物体底部有"脚"。发光体停下以后，军人们看见3个人样的外星生命体从UFO中走出来，他们身高2米，身穿发光的工作服。下士命令他们投降，但是外星人没有回答。这时，巡逻队长端起冲锋枪打

▲ 飞碟出现在傍晚的天空

了一梭子弹，然而，扫射对外星人竟然毫无作用，飞碟也安然无恙。这时，外星人每人手中拿着的发光球体射出的光使军人们瘫痪了3分钟，等4个军人恢复知觉后，外星人早已登上了飞碟，消失在远空。

太阳之谜

太阳是太阳系的中心天体，是距离地球最近的一颗恒星。太阳的质量为地球的33万倍，体积为地球的130万倍，直径为地球的109倍（约为139万千米）。但是，在浩瀚无垠(yín)的恒星世界里，太阳只是普通的一员。

太阳是一个炽热的气体球，表面温度达6000摄氏度，内部温度高达1700万摄氏度。太阳的主要成分是氢和氦。按质量计，氢约占71%，氦(hài)约占27%，还有少量氧、碳、氮、铁、硅(guī)、镁、硫等。

太阳内部从里向外，由产能核心区、辐射区和对流区三个层次组成。光热的能源—氢聚变为氦的热核反应，就在产能核心区中进行，能量通过辐射、对流等方式

传到太阳表层，最后主要表现为从太阳表层发出的太阳辐射。太阳表层习惯称谓为"太阳大气"，由里向外，它又分为光球、色球和日冕(miǎn)三层。

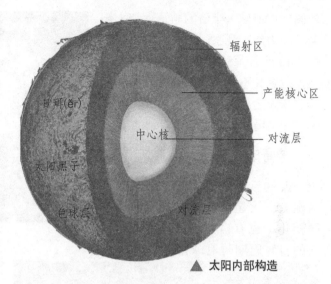

▲ 太阳内部构造

光球只是太阳表面极薄的一层，厚度只有500千米，太阳的直径就是根据这个圆面定出来的。光球的平均温度约为6000摄氏度，太阳的光辉基本上是从这里发射出来的。正是这层很薄的气层，挡住了人们的视线，使人们难以看清太阳内部的奥秘。

色球是太阳大气的中间层，平均厚度为2000千米，它的密度比光球还要稀薄，几乎是完全透明的，色球的温度高达几千至几万摄氏度，但色球发出的光只有光球层的几千分之一，平时我们无法直接看到它，只有在日全食时或用色球望远镜观测才能看到。当发生日全食，即太阳光球被月球完全遮掩时，在暗黑月轮的边缘可以看到一道纤细如眉的红光，这就是太阳色球的光辉。

▲ 太阳系

众所周知，黑子以11年为周期，时增时减。黑子的温度为4000摄氏度。可是，其周围温度高达6000摄氏度，所以在对比之中显得很黑。

太阳也在自转，它的自转周期在日面赤道带约为25天，愈近两极愈长，在两极区为35天。

火星之谜

在太阳系的行星中，除地球外，最吸引人们注意的要数火星了。一个多世纪以来，关于火星上有没有"火星人"的争论持续了好长时间。

火星是地球的近邻。如果说金星是我们左邻，火星就是右舍了。它在地球的外侧、比地球大半倍的轨道上绕太阳运转。用肉眼观察，它的外表呈火红色。由于它荧荧如火，亮度常有变化，位置又不固定，而且充满神秘色彩，令人迷惑，所以我国古代人称它为"荧惑星"，以为是不吉利的星。

神奇的火星

火星与地球相比，有许多相似的地方。火星上既有春夏秋冬四季的变化，也有白天和黑夜的交替；它的自转周期与地球相近，为24小时

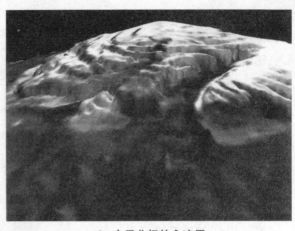

▲ 火星北极的永冻层

▲ 火星景观

37分；火星上看到的太阳也是东升西落。但是，火星比地球小得多，它的直径相当于地球的半径，体积只有地球的15%，质量也只有地球的11%。因此，天文学家常把火星称为"天空中的小地球"。红色是火星典型的颜色，这是因为火星土壤中含铁量达到12%，厚达20多米的火星风化层因含大量氧化镁而呈红色。火星上的大气非常稀薄，气压只有地球的1/200，主要由二氧化碳（95%）、氮（2.7%）和氩(yà)（1.6%）等气体构成，还有微量的氧和水蒸气。

火星奇观

火星上有着令人惊异的奇观。奥林匹斯火山高达25千米，比地球第一高峰珠穆朗玛峰整整高了3倍。水手谷长4000千米，宽200千米，谷深达64千米，而著名的美国科罗拉多大峡谷总长150千米，最深处只有2千米，简直不能与水手谷相提并论。水手谷如果放在中国可以从拉萨延伸到上海，是长江三峡的几十倍长。我们在地球上就可以看到它，只不过看到的仅是暗暗的一条粗线而已。

关于火星，曾有这样一个故事：有人希望一位著名的天文学家用五百字来回答火星上是否有生命，他得到的答复则是重复了125遍的"无人知道"。在太阳系

里，这个最类似地球的星球引起了一代又一代的地球人孜孜（zī）不倦地探索。

今天的火星表面温度不高，在极冠之中，大部分水以地下冰的形式存在着。非常稀薄的大气，使得冰在温度足够高时只能直接升华为水蒸气，因此根本无法存在自由流动的水。火星河床说明，过去的火星肯定与今日的火星有很大的差异。有科学家提出一种假设，认为在火星历史的早期，频繁而剧烈的火山活动喷出了大量气体。这些浓厚的原始大气曾经使火星表面如春天般的温暖，火山曾经是一番冰雪融化、河水滔滔的美丽景色。后来火山活动减少，

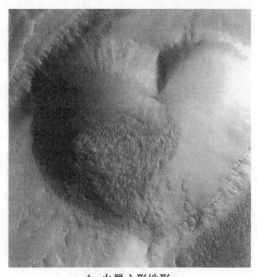
▲ 火星心形地形

火山气体慢慢地分解，火星大气变得稀薄、干燥、寒冷。从此，河床干枯了，火星也就成了一个荒凉的世界。

1976年7月20日在火星表面软着陆的美国"海盗1号"探测器，携带了一台用来进行生物实验的仪器。这台仪器把一种化学药品注入火星表面9个地点的土壤中，然后检测土壤中的有关生命信号。如果土壤中存在着微生物，它们"吃掉"化学药品后，会释放出气体，由于仪器的灵敏度很高，很容易测到这种气体。果然这台仪器探测到了微生物"打嗝"声，因此，一些科学家认为火星上存在生命。

▲ 横跨火星赤道的水手谷的一段

1996年，美国宇航局也宣布在火星陨（yǔn）石中，发现有微生物化石的明显痕迹。这表明生命印记在这个红色星球上一直存在着。

火星人面

科学家在一张卫星拍摄的图片中，发现火星的表面上有一个人头像。

这张图片是卡臣博士从一个不便透露的来源取得的。他把经过计算机处理后的火星图片与美国的喜剧明星比云·夏文的照片相比较，结果发现两者几乎一模一

▲ 火星上的笑脸地形

样。

从图片上可以看到，比云·夏文的头像被刻蚀在火星表面的岩层，那是一个高低不平的山丘，方圆约160平方米，周围还有很多小型金字塔状的岩石。经过研究断定，卫星拍摄的这张图片可靠。卡臣博士把这个发现通知了他的同行和一些天体学家，大家纷纷前往卡臣在丹麦的工作室进行研究。

火星上出现人头像这一发现，令世界科学家们大为震惊。因为必须有地球上的人到火星上雕刻，才能把比云·夏文的面孔刻在岩层上。但是，人类根本不能在火星上活动，这是因为火星上的大气稀薄，大气压力还不到地球大气压力的1%，而且氧气极少，大气几乎全部由二氧化碳组成；再说火星上的昼夜温差很大，夏季白天温度达30℃，夜间温度可降到-80℃。

那么，火星上的人头像到底是谁的杰作呢？难道是外星人的吗？这至今还是一个谜。

金星上的海洋

金星和地球大小差不多，质量和密度也相接近，而且都有着浓密的大气，大气中都含有水蒸气。人们常把这两大行星称为"双胞胎"。地球上70%是海洋，那么金星上也有海洋吗？

美国艾姆斯研究中心的科学家波拉克·詹姆斯认为，在很久以前金星上确实有过海洋，可现在，这个海洋已经消失了。消失的原因可能有多种，一是太阳光把水蒸气分解为氢和氧，氢气由于重量轻而大量脱离金星；二是在金星演化的早期，内部曾散发出大量的还原气

▲ 金星东半球的彩色雷达地图

体，这些气体与水相互作用，从而使水分消耗掉；三是从金星内部喷出的炽热岩浆中的铁以及其他化合物与水相互作用，从而使水分消失；四是金星海洋的水本来是来自星球内部的，后来这些海水又循环回到金星地表以下。

有的科学家对詹姆斯的这几种推测提出了不同的看法：他们认为詹姆斯的几种推测地球上同样也会出现，那么为什么地球上的海洋却没有消失呢？

美国衣阿华大学的弗兰克等人则认为，金星上从来没有过海洋，金星探测器所探测到金星大气层里的少量水分并

▲ 金星

不是由海洋中蒸发出来的，而是由几十亿年来不断进入大气层的微小彗星的彗核所造成的，因为彗核的主要成分是水冰。

金星上究竟有过海洋吗？如果有，那么它又是如何消失的？至今还没有足够的证据令人信服。

金星的奥秘

在我国古代，金星有启明星和长庚（gēng）星之称。当它在黎明前出现时，就叫做启明星，象征着天快要破晓了；当它在黄昏出现时，就叫它长庚星，这预示着长夜就要来临了。它是晚上第一个出现和清晨最后一个隐没的星星。

金星是距太阳较近的一颗行星，比地球到太阳的距离还要近，因此，太阳照射到金星的光比照射到地球上的光要多一倍，这只是金星特别明亮的一个原因。然而，水星离太阳更近，为什么我们很难看到它呢？原来，金星和水星虽然都绕日公转，但其轨道都在地球的内侧，只是金星在太空中离太阳要远些，水星离太阳最近，尽管它比较明亮，但在太阳光下我们却

▲ 金星北半球景色

很难看到它。

金星可以说是在地球上我们看到的除太阳和月亮之外最亮的星星了。它最亮的亮度是天狼星的10倍。金星外面包裹着厚厚的云雾，这层云雾可以把75%以上的太阳光反射回来。金星与太阳的距角可以达到47度，也就好似说金星在太阳出来之前3小时已经升起，在太阳落下后3小时又出现在天空。这样，地球上很多区域的人就容易看到它了。

美丽的土星环之谜

在太阳系的行星中，土星、天王星和木星都具有光环，但是土星的光环最明亮美丽。这个光环究竟为何物呢？天文学家正在深入研究。

▼ 土星及其光环

在望远镜里，人们可以看到围绕土星的是三圈薄而扁平的光环，这些碎块颗粒如同给土星戴了三个明亮的项圈，大小不等的碎块颗粒组成了所有的光环，大的可达几十米，小的只有几厘米或者更微小。一层冰壳包在它们外面，由于太阳光的照射，形成了迷人的光环。

奇异的土星光环的位置处于土星赤道平面内，类似于地球公转的情况，土星赤道面与它绕滩羊运转轨道平面之间有个夹角，这个角呈27度倾斜，土星光环模样的变化即由此造成，有时"俯视"土星环，这个时候的土星环看上去像一顶漂亮的宽边草帽。另外一些时候，光环又像一个平平的圆盘，后面部分看不见了，这是因为光环与我们处于同一平面，即使是最好的望远镜也很难看到它的踪影。在1950～1951年，1995～1996年，都是土星环的失踪年。

土星环留给我们的不仅是美的享受，也留下了很多谜团。目前还不知道组成光环的这些物质，是土星诞生时的

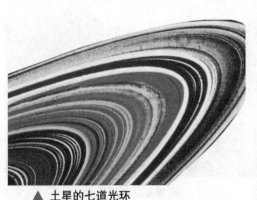

▲ 土星的七道光环

遗物呢，还是土星卫星与小天体相撞后的碎片形成的？土星环的结构为什么那么奇异？这些都有待于人们的进一步研究和考证。

木星之谜

木星是太阳系行星中最大的一个，它那圆圆的大肚子里能装下1300多个地球，质量是地球的318倍。太阳系里所有的行星、卫星、小行星等大大小小天体加在一起，还没有木星的分量重。天文学上把木星这类巨大的行星称为"巨行星"，西方人把它称为天神"宙斯"。木星有一个醒目的标记：一个红点就像木星长着的一只眼睛，这就是木星大红斑。它的形状有点像鸡蛋。颜色鲜艳夺目，有时红而略带棕色，有时又鲜红鲜红。它的南北宽度经常保持在1.4万千米，东西方向上的长度在不同时期有所变化，最长时达4万千米左右，一般长度在2000～3000千米。大红斑的颜色常常是红而略带褐色，随时间的推移而变化。在20世纪20～30年代，大红斑呈鲜红色；到1951年前后，它也曾呈现淡淡的玫瑰红颜色。但大部分时间里，它的颜色比较暗淡。

特殊的天体

也有人认为，木星离取得恒星资格的距离还很远。虽然它是太阳系行星中最大的，但与太阳相比，却是小巫见大巫：其质量只有太阳的1/1000。恒星一般都是熊熊燃烧的气体球。木星却是由液体状态的氢组成的。所以有人说，木星不是严格意义上的行星或恒星，而是处在两者之间的特殊天体。

木星能否取代太阳

木星是太阳系的行星中最大的，而且是个能发光的行星。近年来的观测表明木星向外释放巨大的能量，而且要比从太阳那里获得的能量多11倍。这证明木星的

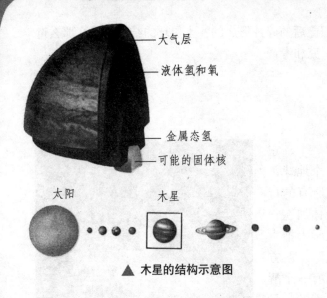

- 大气层
- 液体氢和氧
- 金属态氢
- 可能的固体核

太阳　　　　　　木星

▲ 木星的结构示意图

能量大部分来自它的内部。"先驱者"10号和"先驱者"11号宇宙探测器探测的结果表明，木星是一个由液态氢构成的星球。它同太阳一样，没有坚硬的外壳。它的能量释放，主要是通过对流形式来实现的。前苏联科学家苏奇科夫和萨利姆齐巴罗夫在1982年发表文章认为，木星的核心正在进行热核反应，温度高达280000℃。木星除把自己的引力能转换成热能外，还不断蓄积太阳放出的能量，这就使它的能量越来越大，且越来越热，并保证了它现在的亮度。观察发现，由于木星向周围空间释放热能，已融化了离它最近的卫星——木卫二上的冰层。就木星的发展趋势来看，它很可能成为太阳系中与太阳相似的第二颗恒星。

木星大红斑之谜

木星的这个大红斑究竟是什么物质呢？人们作了种种猜测。木星周围有一层很厚的大气，由氧、氮、甲烷(wán)、氨等物质构成。大气层的表面温度低达−129℃。但是，从"先锋"10号宇宙探索器提供的资料来看，木星的内部温度很高，从中散发出来的热量为从太阳光中吸收的热量的205倍。据此有人推测，大红斑很可能是木星内部温度最高的部分呈柱状旋涡不断朝外喷射的地方。喷出之后，柱状旋涡与大气接触，同大气中的甲烷、氨等物质发生化合作用，从而形成橘红色的物质团。

▲ 木星红斑

水星无水的奥秘

水星是距太阳最近的行星，它距离太阳为0.38个天文单位，按88天的周期绕太阳一周。由于它比地球距太阳近得多，所以，在水星上看到的太阳大小，是地球上看到的太阳大小的2～3倍，光线也增强10倍左右。

"水手"10号对水星天气的观测表明，水星最高温度可达427℃，没有任何液态水的痕迹存在于水星的表面。就算是我们给水星送去水，液体和气体分子的运动速度也会因为水星表面的高温而加快，足以让那些分子逃出水星的引力场。也就是说，要不了多久，水和蒸汽会全部跑到宇宙空间去。另外，据观测，水星上的大气非常稀薄。水星质量小，本身吸引力不足以把大气保留住，大气会不断地向空中逃逸。它现在可能靠着

▲ 美国"水手10号"
宇宙探测器拍摄的水星照片，其表面有环形山，与月球表面相似。

太阳不断地抛射太阳风来补充稀薄的空气。从成分上看，水星大气与太阳风有相似的系统，太阳风的大部分成分就是氢、氦的原子核和电子。科学家们对水星光谱进行分析得出结论：水星中有点大气，但大气中没有水。

水星上没有液态水，没有水蒸气，但却存在着"冰"山。1991年8月，水星运行至离太阳最近点，美国天文学家在新墨西哥州用装有27个雷达天线的巨型天文望远镜对水星进行观测，得出了令科学家们瞠(chēng)目结舌的结论：在水星表面的阴影处，水竟然以冰山的形式存在着，直径达15千米～60千米。类似的冰山在水星上多达20处，最大的冰山直径甚至达到130千米。所有冰山都存在于太阳从未照射到的火山口内和山谷之中的阴暗处，那里的温度很低，达到-170℃。极地的温度通常在-100℃，那里隐藏着30亿年前生成的冰山。因为水星表面处于真空状态，冰山每融化8米左右需要10亿年的时间。

备受争议的冥王星

自从70多年前被发现的那天起，冥王星便与"争议"二字联系在了一起。冥王星究竟是属于行星还是某种新星体，一直没有一个可以令人信服的结论。

1930年美国天文学家汤博发现冥王星，由于当时错估了冥王星的质量，以为冥王星比地球还大，所以命名为大行星。然而，经过近30年的进一步观测，发现它的直径还不到2300千米，比月球还要小，等到冥王星的大小被确认，"冥王星是大行

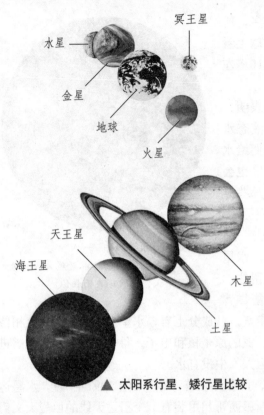

水星

金星

地球

火星

冥王星

天王星

海王星

木星

土星

▲ 太阳系行星、矮行星比较

星"早已被写入教科书，以后也就将错就错了。

此外，冥王星的质量远比其他行星小，甚至在卫星世界中它也只能排在第七、第八位左右。冥王星的表面温度很低，因而它上面绝大多数物质只能是固态或液态，即其冰幔特别厚，只有氢、氦、氖可能保持气态，如果上面有大气的话也只能由这三种元素组成。

从冥王星被发现到现在，人们只看到它在轨道上走了不到1/4圈，因此过去对其知之甚少。冥王星还有着与众不同的公转轨道。其他行星的轨道平面都与黄道平面(地球轨道平面)基本一致，冥王星的轨道平面却与黄道平面呈很大夹角。其他行星的轨道几乎是完美的圆形，而冥王星的轨道是一个有很大偏心率的椭圆形，其近日点和远日点与太阳的距离相差30亿千米之多。这些因素使一些科学家认为，冥王星根本就不是行星，太阳系应该只有"八大行星"。有人猜测，也许冥王星以外还有一颗未被发现的行星。许多年来，不少科学家希望重演海王星和冥王星的发现历程，在太阳系边缘发现第10颗行星。

但柯伊伯带的发现完全改变了人们对太阳系边缘的认识。美国科学家柯伊伯于1951年提出，太阳系外围可能有一大群小天体绕太阳运行。1992年，人们首次在海王星轨道之外发现了一个暗淡小天体，柯伊伯带的存在从此由假说变为事实。

2003年，美国加州理工学院的天文学家迈克·布朗在柯伊伯带又发现了一

▲ 冥王星

30

个新的大天体，并将其编号为2003UB313。"2003UB313"目前还没有正式名字，只有一个非正式的昵称"齐娜"，这个名字取自电视剧《好战公主齐娜》的主角。经过两年的观察，布朗等人在2005年7月向外界公布了这一发现。通过"哈勃"望远镜进行观测发现，"齐娜"的直径约为2398千米，比冥王星要长112千米。齐娜的公转轨道是个很扁的椭圆，它公转一周需要560年，"齐娜"的发现令人头疼，因为冥王星不像另外8颗行星，它和"齐娜"都是海王星外的天体，都位于柯伊伯带。如果冥王星算得上是行星，那"齐娜"也有此资格。

2006年8月24日，经过激烈的争论，国际天文学联合会大会投票决定，将冥王星与8颗地位毫无争议的行星区分开，从此以后，以冥王星为代表，这种大到一定程度但未能将周围"竞争对手"扫荡干净的天体，将被称为"矮行星"。目前，符合这种条件的有冥王星、"齐娜"、谷神星（1801年由意大利天文学家皮茨发现，位于火星和木星之间的小行星带上，直径952千米）。

但是将冥王星"降级"并不是所有天文学家都能欣然同意的，争议仍在继续。

月球生态系统

月球岩石大多由含氧化合物构成，由于月球上面没有大气层，阳光强度极高，可以从月石中提取氧气供人类生活使用；月球表面土壤还含有同位素氦3，如果加以开发，完全可以建立功率强大的核电站来使用，保障足够的能源供给。月球还可以实现粮食自给。月球土壤中农作物生长所需的元素与地球土壤大致相同，如果在月球南极中成功地得到足够的水，农作物就应该能茁壮成长。月球上白天黑夜各有14天，这与地球差异很大，但是植物背阳14天并不会

▲ 月球地表的厄拉托西尼环形山

枯萎，向阳14天则能加快长势。太空生物学家建议可以在月球上先种植蔬菜，如土豆、胡萝卜、白薯等，然后再扩大到种植粮食和水果，逐步形成月球生态系统。

可以实现的梦想

月球距地球384400千米，质量是地球的1/8，引力只有地球的1/6，表面陆地将近1.1万平方千米，相当于地球陆地总面积的4/5，约是地球上第一大洲——亚

洲的2.5倍。也许，不久的将来，人类将把月球变成生活的乐土，那么"世界"对于人们来说则不仅仅意味着地球，月球也就成为当之无愧的世界"第八大洲"。

人类访问月球

人类已经雄心勃勃地设想，在月球上开发一片永久性居住的宇宙观测基地，建立城市，然后用巨型火箭把人送上月球旅行或居住。美国在1969年7月到1972年12月先后发射了6艘宇宙飞船，将12名宇航员送到月球上，并设置了多种科学仪器和设备，进行科学探察和实验活动。1989年，当时的

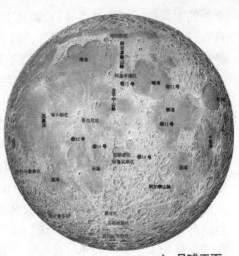

▲ 月球正面

美国总统布什曾经向国会提出在月球建立永久居住地的议案。1994年美国又开始了新一轮的月球探测活动，发射了"克莱门汀"无人驾驶宇宙飞船，对月球矿物构成和地形进行了详细分析研究。1999年11月20日6时30分，我国第一艘载人航天试验飞船"神舟号"在酒泉卫星发射中心发射升空，迈出了踏上月球的决定性一步。之后，我国相继于2001年1月、2002年3月和2002年12月连续发射了"神舟"2号、"神舟"3号和"神舟"4号3艘载人试验飞船，均获得了成功。2003年10月，中国发射了第一艘载人飞船——"神舟"5号，取得完全成功，航天员杨利伟成为我国进入太空第一人。2005年10月，中国再次成功发射了第二艘载人飞船——"神舟"6号。2008年9月，中国又成功发射了第三艘载人飞船——"神舟"7号，实现了宇航员太空行走。

总之，人类能否到月球上居住，还待科学的进一步证实。

▲ 月球的背面

陨石的坠落

天外来客——陨石

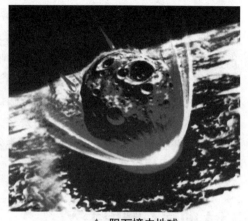

▲ 陨石撞击地球

陨石就是通常人们说的石质的陨星。在晴朗而幽静的夜空中，有时会突然出现一道亮光划破夜空，这种飞流而逝的现象叫流星。民间也叫它贼星，意思就是不正常的星，迷信的人就会说一定是什么人死了，其实这是一种正常的天文现象。

它是流星体自宇宙太空落到地面上的残骸（hái）。闯入地球大气层的诸多流星体在进入大气层时，由于有些流星体质量较大，在经过与地球大气剧烈的摩擦后未能充分燃尽，最后坠落到地球表面成为陨石。有的大陨石在下落过程中，一方面发出轰隆巨响，一方面爆发出巨大火花，甚至分裂成无数碎块，如暴雨、冰雹一样倾泻于大地，这就形成了我们通常说的陨石雨。

天上掉馅饼的事情是不可能的，但是陨石却是地地道道从天而降的东西，由于它的特殊来历，使得它和黄金一样值钱。

▲ 吉林一号陨石

陨星烧灼后，表面散发着浅黑色的光泽，而且有许多小凹坑（气印）和熔纹。

照片中是世界上最重的石陨石（吉林一号陨石），1976年3月8日降落在中国吉林省吉林市郊，重量为1770千克，标尺为30厘米。

陨石的坠落

世界上的陨石事件非常多。1947年2月12日上午10时左右，在苏联符拉迪沃斯托克以北的锡霍特·阿林山区，蔚蓝的天空突然出现了一个像满月那么大的火球，放射着耀眼的光芒。它一面爆燃发射出火花，一面发出轰隆巨响，自北向南以极快的速度飞驰而过。接着，发生了大爆炸，巨大的烟柱拔地而起，浓烟升到30千米左右的高空，一块大陨石坠落在山林中。周围村子里许多人家的玻璃窗被震得粉碎，人们惊恐万分。1976年3月8日下午，中国吉林省吉林市

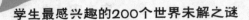

的近郊，发生了一次大规模的陨石雨，其规模之大居国内之冠。其中最大的"吉林1号"陨石，重1.77吨，是目前世界上最重的石陨石。

神秘的陨冰

坠落到地球上的陨石已使科学家非常惊奇，但更使科学家困惑不解的是地球上还出现了陨冰。1990年3月31日上午9时53分，中国江苏锡山市鸿升乡璞(pú)家里村的三个农民正站在一起聊天，忽然听到啪的一声，前面突然出现了一大堆冰，其中最大的一块竟有40厘米长。这些冰块有浅绿的光泽，质地细密，在阳光下呈半透明状。事后，有关部门做了调查分析，确认这些冰是从天上掉下来的陨冰。天文学家认为陨冰极有可能来自地球以外的太空。它应该是彗星的彗核部分的碎块。但是，这种陨冰在很短时间内在一个地区降落多次是非常少见的。甚至有人认为，地球上的水主要就是由这些陨冰带来的。

巨大的陨石哪里去了

1891年，在美国亚利桑那州巴林杰地区发现了一个直径为1280米，深180米的巨大坑穴，坑周围有一圈高出地面40多米的土层。它是怎样形成的呢？人们迷惑不解，干脆叫它恶魔之坑。后经学者们考证，这是个陨石坑，是距今2.7万年前，一个重达2.2万多吨的陨石以5.8万千米的时速坠落在地球时冲撞而成的。然而奇怪的是，这个庞然大物给人们留下了一个

▲ 美国亚利桑那州的著名林格大陨石坑，它的直径达到1280米。

大坑和坑边几块陨石铁片后便没了踪影。有人估计陨石就落在坑下几百米的地方，可是谁也没有去挖出它来加以证实。

陨石来自月球吗

1982年，科学家在南极的阿伦丘陵发现了一块陨石，经过仔细研究，发现它竟与宇航员从月球高地上采回来的岩石非常相似，因此，陨石被认为是从月球上飞来的小石头。时隔不久，又有三块陨石被科学家鉴定为月球来客，同时，科学家还确定它们并非同一批到达地球，而是来自月球的不同地方。事实是否果真如此，还需要进一步确认。

自然之谜

水、空气、山脉、河流、微生物、植物、动物、地球、宇宙等等，都属于大自然的范畴。关于大自然，其丰富程度只能用浩如烟海来形容。大自然有太多的神奇，是我们不能理解的，但它却实实在在地存在着。

恐怖的死亡谷

恐怖的死亡谷，总是与神秘、玄(xuán)机等词汇联系在一起。这些连鸟类、爬行动物等都无法生存的区域，人类根本就不敢涉足，除非以生命作代价。

俄罗斯死亡谷在俄罗斯勘察加半岛上的克罗诺茨(cí)基禁猎区，长约2千米，宽约100～300米。这里山峦起伏，绿树葱茏，然而就是这样风景优美的小山区，竟是动物的葬身之地。多少年来，这里是熊、狼、獾(huān)和其他小动物的天然坟地。附近的一位森林看守人

▲ 俄罗斯死亡山谷

曾亲眼目睹了这样一个场景：一只膘(biāo)肥体壮的大熊大摇大摆地穿进山谷，还未来得及寻找食物，就直挺挺地躺在地上断了气，同样来到这里的人也会在一瞬间被吞噬掉。

科学家对这座死亡之谷进行了多次探险考察，却收效甚微。有科学家提出杀手可能是积在谷底凹陷沉坑中的使人窒息的毒气，即硫化

▲ 俄罗斯死亡谷丛林深处

氢和二氧化碳，在一般情况下，硫化氢和二氧化碳并不具备那么快的杀生本领，它们通常是慢慢地发挥作用的。这一观点被否定后，又有人提出了导致人和动物迅速死亡的是氢氰酸和它的衍生物。倘若如此，为什么在离死亡谷仅一箭之隔的村庄里，居民们却安然无恙？这到底是何原因呢？

美国加利福尼亚州和内华达州相毗(pí)连地带的崇山中，也有一座特险峻的死亡谷，长225千米，宽6～26千米不等，

▲ 加利福尼亚死亡谷景观

面积共1400多平方千米，峡谷两侧悬崖峭壁，地势十分险恶，1848年，一批外地移民误入谷地，后因迷失方向连尸体都没找到。1949年，美国有一支寻找金矿的勘探队伍，也因迷失方向涉足此地而亡。前去探险的人员，也屡屡不得其踪。科考家进行大量的勘察，也未查明导致人们死亡的真正原因。与此形成鲜明对比的是，飞禽走兽在这里过着悠然自得的生活。据统计，这里有230多种鸟，19种蛇，17种蜥蜴(xī yì)和1500多头野驴。这真是令人百思不得其解。为何这个山谷独独对人类这么凶残？

沙漠中的"魔鬼城"

这座神奇的"城市"位于新疆克拉玛依市乌尔河区东南5000米处，方圆约187平方千米，地面海拔350米左右。独特的雅丹地貌使这片地区被称为"乌尔河风城"，当地人称之为"魔鬼城。"

这是一个杳(yǎo)无人烟却又热闹非凡的"城市"。当晴空万里、微风吹拂时，人们在城堡漫步，耳边能听到一阵阵从远处飘来的美妙乐曲，仿佛千万只风铃在随风摇动，又宛如千万根琴弦在轻弹。可是旋风一起，飞沙走石，天昏地暗，那美妙的乐曲顿时变成了各种怪叫：像驴叫、马嘶、虎啸……又像是婴儿的啼哭、女人的尖笑；继而又像处在闹市中：叫卖声、吆喝声、吵架声不绝于耳；接着狂风骤起，黑云压顶，鬼哭狼嚎，四处迷离……城堡被笼罩在一片朦胧的昏暗中。

无数奇异的声音又是从哪儿来的呢？

科学家在经过实地考察后，指出"魔鬼城"实际上就是一个"风都城"，并没有什么鬼怪在兴风作浪，而是肆虐的风在中间发挥着作用。在气流的作用下，狂风将地面上的沙粒吹起，不断冲击、摩擦着岩石，于是各种软硬不同的岩石在风的作用下便被雕琢成各种各样奇怪的形状。

但是，经过实地考察，雕琢"魔鬼城"的伟大工程师绝不只有"风"，还有

▲ 魔鬼城

"雨",即流水的侵蚀、切割,是不是"风吹雨打"就足够了呢?地质学家正在深入研究!

赤道巨足是如何出现的

有一次,一位西班牙著名画家去厄瓜多尔旅游。当乘坐的飞机经过瓜亚基尔的上空时,他向下俯视。无意中竟发现了一道人间奇观:一只人类巨足和一头巨型兽类正出现在赤道线上。匆忙间画家拍下了好多照片,回去后据此完成了他的两幅巨作。于是,赤道巨足一举走红。世界各地的人纷纷前往厄瓜多尔目睹这一奇观。

那么这一奇观究竟是大自然的手笔还是人为的创作?人们满怀激情地开始了考察工作。厄瓜多尔位于南美洲,赤道线从它的首

▲ 赤道巨足

都基多横穿而过,这里还是历史上古印加帝国的一部分。古印加人在赤道线上建立了"太阳神庙",并在6月21日太阳正好直射赤道的那天,举行盛大的庆祝仪式。那么,画家所发现的赤道巨足会不会就是古印加人的创造呢?有人坚持认为这只是一个天然的巧合,巨足是火山爆发后岩浆所到之处形成的模样,也有人说是花岗岩常年风化腐蚀的结果;还有人坚持认为古代印加人在自然形状上进行了加工,制造成今天的巨足和巨兽模样。孰(shú)是孰非,还没人知道。

渤海古陆大平原可否再现

据说渤(bó)海曾是一个地势坦荡、一马平川的大平原。当渤海尚未形成时,庙岛群岛曾是平原上拔地而起的丘陵地带,山丘高度约200米。当时气候寒冷,由于强劲的西北风和冷风寒流互相作用,致使渤海古陆平原上飘来了大量的黄土物质。风沙不仅填平了古陆上的沟壑(hè),而且还堆起了山丘,如今庙岛上独具特色的黄土地貌仍依稀可辨。现今,在黄土中有许多适宜寒冷气候的猛犸(mǎ)象、披毛犀(xī)和鹿等动植物化石。这些动植物化石表明,当时渤海古陆平原生机勃勃。1万年前的大平原上草地茫茫,人们可以想象,当时猛犸象漫步河畔,披毛犀出没其间,鹿群相互追逐,古人类尾随其后伺机捕杀的景象。

渤海海底发现的披毛犀牙齿，使学术界对渤海的过去有了新的认识，并且开始了对渤海地形地貌的历史研究。

古生物学家认为，可能在晚更新世纪末期，也就是距今1万年前，由于冰川范围的扩大，原先最深处也不过80米的古渤海平面一下子下降了100～150米。渤海地区因此一度完全裸露成陆地，形成一片平坦的大平原，成为许多动物的家园。后来，由于全球气候变暖，冰川融化，海平面大幅度上升，渤海平原逐渐被水淹没。

▲ 今天的渤海古陆

如今的渤海，由于各方面的条件错综复杂，变化也因此十分复杂。海岸线有进有退，变化完全相反，并且这种完全相反的变化还将继续下去。

那么，曾一度繁荣的渤海古陆大平原，会重新露出海面吗？这是大自然留给我们的一个谜，随着时间的推移，总有一天会被解开的。

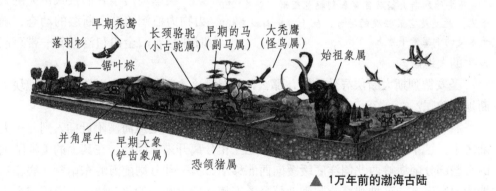

▲ 1万年前的渤海古陆

旧金山多地震之谜

地震也叫地动，是指因地球内部的巨大压力使岩石断裂、移动而引起的震动。震源可在陆地，也可以在海洋。人类通过地震史料的研究和对历次地震的观察，试图揭开地震"怪兽"神秘的面纱。

旧金山是位于太平洋沿岸的美国第三大城市，是一个地震频发的城市。为什么是一个多地震的城市呢？人们认为，是圣安德列斯大断层导致旧金山地震频繁

▲ 圣安德列斯大断层

圣安德列斯大断层贯穿加利福尼亚州，全长1050千米。此处是它最壮观的地方，位于旧金山城南480千米处的卡里索平原上。

发生。这个断层东侧的地块相对于西侧的地块，向东南方向滑动200多千米，平均每10年大约移动2.5厘米。在这两个巨大地块相互错动中，接触面的有些部分就会产生能量的积累，当这种能量突然释放时，就产生了地震。

断层两侧地块移动的速度是不均匀的。当它们移动慢、处于相对稳定状态时，发生大地震的机会就相对少一些，反之，发生大地震的机会就会增高。20世纪60年代以来，精确的大地测量结果表明，圣安德列斯大断层两侧地块相对移动速度高达每年5厘米左右，是它第三纪以来平均移动速度的20倍。

美国地震学者们投入巨大的人力物力监测着这个断层的动态，随时注意着旧金山和洛杉矶一带可能发生的大地震。

圣安德列斯大断层导致地震，那么，又是什么力量使这个大断层的两侧地块不断地移动呢？

科学研究的成果告诉我们，太平洋的海岭在加利福尼亚海湾附近插入到北美大陆之下，这条海岭两侧的洋底正在不断地互相分离开来。因此，在其上的美洲陆地的有些部分随海岭西北侧洋底缓缓向西北移动，另一部分则随海岭东南侧洋底相对地滑向东南方。这种观点能圆满地解释圣安德列斯大断层的移动情况，说明旧金山一带为什么多地震。

但是，太平洋底为什么会在海岭处不断生成并向两侧扩张，至今仍是一个谜。因此，旧金山多地震的原因也未最终昭(zhāo)然于世。

地震为何多在夜间发生

地震的危害不但在于它的突发性强，而且在于夜间出现的频率极高，甚至会突然出现在深更半夜人们熟睡时。如1995年1月17日日本神户发生的大地震，在清晨5点46分发生，当时绝大多数人还在睡梦中。据统计，中国境内1985年总共有25次5级以上的地震发生，其中在日落后的19点以后到次日凌晨6点之间发生的大地震竟有20次之多。对受害者而言，地震在夜间发生更是雪上加霜。

▲ 1995年大阪地震被破坏的公路

其实地震随时都可能发生，而事实上多在夜间发生，主要是因为受外因——太阳和月亮引力的影响。我们知道，海水在一天里有两次涨落，是由太阳和月球的引力所引起的。根据测定，北京一带的地壳在朔望时，即农历的初一、十五或十六，大约可以有40厘米内的升降。若是地球内部在孕育地震的过程中，当底下的岩石接近于破裂的力的作用时，而这时正好又受到太阳和月球的引力作用，这样蓄势良久的地震能量就会猛然间迸发出来。

由此看来，地震多在夜间发生，而且还常在农历的初一、十五前后并非偶然。

火山的魔力

▲ 火山喷发

火山是地球内部熔融岩浆等高温物质喷出地表堆积形成的高地。火山喷发时，地球表面就像被炸出了一条连接地下深处的通道，一根通向岩浆源地的"喉管"。一时间，大量炽热的岩浆、气体、尘埃和围岩碎屑、熔岩块、石块等，从"喉管"中喷突而出，冲向高空，形成一根巨大粗壮的火柱。火柱冲至一定高度，体积急速膨胀，形成了似氢弹爆炸的蘑菇状烟云。烟云是由喷出的气体、水蒸气以及细小的火山碎屑物（包括火山灰）、岩屑物质等构成，其中带正电荷的大量水汽与带负电荷的火山灰在高空相遇，由于高空气温低，两者迅速结合凝成雨滴，以暴雨形式降落，并伴有电闪雷鸣，形成了一幅既壮丽又可怕的自然景象。

到目前为止，以位于印度尼西亚苏门答腊和爪哇(wā)岛之间的喀拉喀托火山的魔力最大。它将自己所在岛屿的面积炸掉了2/3，迅速形成一个300多米深的海盆。喷出的巨大火柱直冲云霄，烟云冲上70～80千米的高空；火山灰远渡重洋，环游世界，飘浮空中长达数月之久，以至于世界各地在日出或日落时，都可以看到由火山灰反射太阳光形成的灿烂霞光。

无名之火的奥秘

在我国广西壮族自治区兴安县，有一个叫小宅村的地方曾发生过一种奇怪的燃烧现象。自从1981年以来，小宅村每年只要一到秋季，就会接二连三地发生莫名其妙的火灾，有时候一天之中竟然发生20多起。而且，火灾一般是在好几个地方同时发生。在野地里，自燃起火是稻草、干草这样的东西。在村子里自燃起火的是茅屋、棉被、蚊帐、衣

▲ 无名之火

服、家具和贴在墙上的年画等。有的时候，就连湿毛巾也会突然自己燃烧起来。由于每次起火都是好几处同时发生，专家们就把这种现象叫做"群火现象"。群火现象的发生给当地的人们造成了很大的损失，还引起了人们的恐慌。

为什么会发生"群火现象"呢？专家们曾经来到小宅村进行调查，发现小宅村附近的地下有一个

▲ 瑰丽而奇异的火焰

煤层，而村西大约2000米的地方正在开采硫磺矿。他们觉得，"群火现象"很有可能跟这里的地质结构有关系。根据试验，气体硫和空气当中的氧气结合成为硫酸。硫酸是强吸湿剂，可以吸收物质中的水分而使它炭化燃烧起来。小宅村的群火现象很可能就是这样发生的。

日本富士山还会再喷发吗

最近两年来，日本富士山周围地区发生了多起来自较深震源的低频地震，于是，有关富士山这座活火山何时喷发的揣测越来越多。为了防范富士山的下一次喷发，日本政府已经成立专门机构，组织有关专家绘制了富士山火山喷发灾害预测图。专家组预测，富士山的喷发可能有两种类型，一种

▲ 富士山

可能是从山腰流出熔岩，另一种可能是从山顶大量喷出火山灰。前一种喷发如果发生，火山熔岩的一部分可能会到达日本铁路大动脉的海道新干线，由于熔岩流动速度较慢，灾害发生时还能来得及组织人员避难。但如果后一种喷发发生，火山灰将危及整个首都圈，要是赶上雨天，还将引起停电，并将导致道路交通中断。

2002年秋天，日本地质专家们在海拔1400米高度的东北山麓(lù)钻取了直径约8厘米，长130米的连续岩芯，详细分析这些成分，有望揭开富士山喷发的历史。

珠穆朗玛峰长高之谜

关于喜马拉雅山的形成，藏族有这样一个传说：很早很早以前，这里是一片一望无垠的大海，岸边长着茂密的森林，飞禽走兽无忧无虑地在这里生活着。可是突然有一天，海里来了条长着五个头的毒龙，它捣毁了森林，正当飞禽走兽们走投无路的时候，大海的上空飘来了五朵彩云，变成五个仙女，她们来到海边施展法力，降服了五头毒龙。在众生的苦苦哀求下，五仙女同意留下来与众生共享太平之日。她们喝令大海退去，于是，东边成了茂密的森林，西边成了万顷良田，南边成了花草茂盛的花园，北边成了无边无际的牧场。最后，那五位仙女则变成了喜马拉

雅山脉的五个主峰，屹立在西南部边缘之上，守卫着这幸福的乐园。为首的珠穆朗玛即是今天的世界最高峰，当地人民尊敬地称它为"神女峰"。

地质学家认为，这条山系的各山脉，是地壳隆起时把一个被称为"古地中海"的古代深海海沟里极厚的沉积岩层推出海面而形成的。

▲ 传说中的神女峰

那么又是什么原始力量造成如此庞大的隆起呢？大多数地质学家认为，力量来自大陆漂移。

1亿多年前，印度次大陆从非洲南部分裂出来之后，向北漂移。古地中海海沟受到印度次大陆和亚洲大陆的挤压，压皱了的沉积岩被迫从海底上升，填平以前的海道。

瑞士地质学家海根认为喜马拉雅山脉庞大的结晶岩石主脉不断升高，是由于印度板块的不断挤压，逼使此核心区的岩石向上升。而其他地质学家认为，结晶岩石山峰惊人上升，是地球不停走向"地壳均衡"的反应；如果地壳某处下降，另一处就会上升。

▲ 珠穆朗玛峰登山大本营

至于哪种说法更合理呢，还有待进一步考证。

喜马拉雅山地区，在距今1.5亿年前的三叠纪，还是烟波浩渺的古地中海的一部分。直到距今5000万年的第三纪时期，由于印度板块与亚欧板块相撞，使古地中海东部的海底受到强烈的挤压，才导致了喜马拉雅山从海洋中升起。关于这一点，人们已从在喜马拉雅山岩层中找到的许多鱼龙、三叶虫、珊瑚、海藻等古海洋动植物化石中得到了证实。

不断长高的山峰

经测量，珠穆朗玛峰的高度为8844.43米（2005年），并以每年3.7厘米的速度增高。它在第四纪的

1万米的极限

科学家利用一些基本的物理常数，通过计算得知，地球上山脉的高度极限约为1万米。由于地球上所有山脉都没能达到这一极限，因此，它们都将平安无事地屹立在地球表面的各个地方。如果地球上有哪一座山脉企图"崭露头角"，向1万米的高度"冲刺"，那么，按照科学家们的计算，它有可能山崩地裂，倒塌下来。

300万年间约上升了3000米，平均1万年上升10米；而最近1万年，它却上升了370米，即年上升3.7厘米。现在，它仍在以不易被人察觉的速度缓慢上升。那么，珠穆朗玛峰将会无限制地不断增高吗？至今还是个谜。

升高的限度

有的科学家认为，珠穆朗玛峰的增高犹如用岩石和泥土叠罗汉。从微观角度来看，岩石都是由岩石分子构成的，许许多多的岩石分子以一定的结构相互排列。它们之所以能够彼此合作，构成坚硬的岩石，是因为它们之间存在着电磁力，就像人们在叠罗汉（一层人往另一层人身上叠）时用自身的体力来支撑上面的重量一样。

这里，电磁力和体力起着相同的作用，当山的自身重量大于岩石分子之间的电磁力，也会造成叠不成罗汉的"悲剧"。这必然存在一个极限，一旦达到这一极限，底下的岩石就要"粉身碎骨"，高山也将土崩瓦解，毁于一旦。那么，这一极限究竟是多少呢？至今还无确凿的说法。

▲ 喜马拉雅山脉

阿苏伊尔幽谷中的谜团

阿苏伊尔幽谷位于阿尔及利亚的朱尔朱拉山的峡谷中，是非洲最深的一个大峡谷。可是，该峡谷到底有多深，人们从来就没有探察清楚。至于该谷底到底是什么样，就更没有办法知道了。阿苏伊尔幽谷以其神秘和深邃(suì)吸引了无数勇敢的探险者来探寻它的奥秘。

1947年，阿尔及利亚和一些外国专家试图探明阿苏伊尔幽谷的深度，他们组成了一支联合探险队，第一个勇敢者是一个身强力壮又有丰富经验的探险队员。他系好标有深度标记的保险绳，朝着幽谷下边看了一眼，就顺着陡峭的山崖一步一步地滑了下去。时间一分一分地过去了，保险绳上的标记也在100米、300米、500米地往下移动着。当探险队员一步一步下到505米的时候，他觉得身体有点不舒服，可仍然没有看到谷底，他怀着恐惧的心情拉了拉保险绳，上边的探险队员赶紧把他拉了上来。

这次探险活动就这样结束了，可是阿苏伊尔幽谷对人们来说还是一个谜。

此后，不同的考察队纷纷赴阿苏伊尔幽谷进行考察，但都没有什么结果。直到1982年，对阿苏伊尔幽谷的考察才有了新的进展。

1982年，阿苏伊尔幽谷又迎来了一支考察队。第一个队员下到810米深的时候，说什么也不敢再往下走了，只好爬了上来。这时候，另一个经常和山洞打交道的有经验的队员已经系好保险绳。

保险绳上的标志已经移到了800米、810米、820米，最后达到了821米。山顶上的人们不禁为这个队员捏了一把汗：现在，他的情况怎么样了？离谷底还有多远呀？他在干什么呢？

▲ 阿苏伊尔幽谷

其实，那个洞穴专家沿着刀削斧凿般的峭壁一步一步下到821米深度的时候，突然出现了一种莫名其妙的恐惧，他深深地吸了一口气，稍微休息了一下，却发现自己连朝谷底深处看一眼的勇气也没有了。于是，这一次的探险活动也结束了。

阿苏伊尔幽谷探险家们所创下的最高记录就是821米。至今无人知晓阿苏伊尔幽谷究竟有多深，那神秘的谷底到底有些什么东西。

尽管目前阿苏伊尔幽谷对人们来说还是一个未知领域，但它仍将继续吸引着探险家们，也许在不久的将来这个疑团就会被解开。

为什么赤道会有雪山存在

乞力马扎罗山位于坦桑尼亚北部的大草原，它海拔5895米，是非洲的第一高峰，它位于赤道附近，但山顶上终年积雪不化，因此也被称为赤道雪山。为什么在那么炎热的地区还会有雪山呢？这种奇特的自然景观是怎样形成的呢？

我们知道，气温的高低取决于地面辐射量的多少，离地面越远，气温越低；大约地势每升高1000米，温度要下降6℃左右。高空中空气稀薄，像水蒸气和尘埃这类能吸收太阳辐射的物质也很少，而且二氧化碳、尘埃、水汽的稀少使它们对大气的保温作用减弱，地面辐射容易散失，因此高山温度一般较低。赤道地区平均温度一般在28℃左右。如果山体高度大于5000米，到山顶处温度将降到 0 ℃以下，因此山麓虽然处于赤道附近，炎热无比，但在山顶依旧会有皑皑（ái ái）的白雪覆盖。

乞力马扎罗山是一座圆锥形的火山，它是伴随着东非大裂谷的形成而形成的。地壳断裂时，地壳内的大量岩浆喷涌而出，经过千百万年的积累形成了一座圆锥形的火山。目前乞力马扎罗山已停止了岩浆活动，是一座死火山。

另外，在南美洲北部、非洲中部和印尼的一些群岛，在赤道穿过的地方分布有许多高于5000米的山脉，这些山脉也有赤道雪山的存在。

▲ 乞力马扎罗山远眺

东非大裂谷的未来

东非大裂谷气势宏伟，景色壮观，是世界上最大的裂谷带，有人形象地将其称为"地球表皮上的一条大伤痕"。

东非大裂谷其实并不是谷，因为在整条裂谷中，既有崇山，也有高原，而且在伊索比亚南部更分成两支，直到坦桑尼亚与乌干达边界的维多利亚湖地区才重合起

▲ 东非大裂谷

来。在这个地球上最长而不间断的裂口内，可以找到地球的最低点、世界最高的火山、地球上最大的湖泊。

古往今来，东非大裂谷一直引人注目；当今世界，东非大裂谷的未来命运，更是举世关注。

越来越多的科学家试图通过勘测东非大裂谷，寻找板块分离的答案。大陆漂移说和板块构造说的拥护者在研究肯尼亚裂谷带时注意到，两侧断层和火山岩的年龄，随着离开裂谷轴部的距离的增加而不断增大，从而他们认为这里是一起大陆扩张的中心。2003年1月，来自美国、欧洲国家和埃塞俄比亚的72位科学家按计划分别抵达了埃塞俄比亚的各个地点，他们将协作完成非洲历史上最大的地震勘测。科学家们推测，火山活动频繁的东非大裂谷的"伤口"将越来越大，最终将变成海洋。但是，反对板块理论的人则认为这些都是危言耸听。他们认为大陆和大洋的相对位置无论过去和将来都不会有重大改变，地壳活动主要是做上下的垂直运动，裂谷不过是目前的沉降区而已，将来它也可能转向上升运动，隆起成高山而不是沉降为大洋。

东非大裂谷未来的命运究竟如何，人们只有拭(shì)目以待。

踩在"火球"上的冰岛

冰岛意为"冰冻的陆地"，位于格陵兰岛和挪威中间，靠近北极圈，为欧洲第二大岛。

冰岛不但寒冷多雪，还是世界上火山活动最活跃的地区。因此，冰岛又被人们称为"冰与火共存的海岛"。

关于冰岛有这样一个传说，曾经有一位巨人站在北大西洋这个海岛南岸的一个高海岬(jiǎ)上，一动不动地监视海面，提防北欧海盗入侵抢掠。今天，往日的海岬已经变成岛内的一座山峰，位于维拉杰迪附近，当时淹在南岸海底的岸石陆架在火山活动作用下，也已升出水面，大大增加了海岛的面积。

冰岛是世界上温泉最多的国家，所以被称为冰火之国。大自然的伟大力量在冰岛呈现出温柔、粗犷、奇特、怪异、虚幻，甚至残酷、无奈，在这个岛上可以领略到冰川、热泉、间歇

▲ 1963年喷发形成的冰岛火山岛。

泉、活火山、冰帽、苔原、冰原、雪峰、火山岩荒漠及瀑布。

为了降低火山喷发的危险，科学家们一直在对冰岛进行密切观测，哪一天火神会发威呢？

通向远古的时空隧道——科罗拉多大峡谷

相传，大峡谷形成于一次大洪水中。当时，人类被上苍变成鱼才得以生存下来。从此以后，当地的印第安人不吃鱼类，到现在也没有改变。其实，大峡谷是在汹涌澎湃的科罗拉多河水所夹带的大量泥沙碎石所产生的巨大的侵蚀切力下形成的。大峡谷地区最古老的岩层形成于寒武纪，是由于地球内外力的相互作用而形成的。峡谷两岸随处显露着形成于不同地质年代的地层断面，岩层清晰，还保持着原始状态，是一部生动的地质"教科书"。1919年，大峡谷被设立为国家公园。

"科罗拉多"在西班牙语中意为"红河"，这是由于河中夹带大量泥沙，河水常显红色而得名。有人说，在太空唯一可用肉眼看到的自然景观就是科罗拉多大峡谷。

▲ 书状崖

科罗拉多大峡谷两壁的岩层大体都是水平状态，呈阶梯状分布，远远望去，就像万卷图书层层叠叠地放在长廊般的大书架上，所以人称"书状崖"。

大峡谷长约515千米，最深处的格拉尼特峡位于托罗韦帕高地北缘下800米处，深1600米，最宽处达29千米。气象万千，被公认为北美洲的一大奇景，连罗斯福总统都慨叹那是"每个美国人都应该一看的胜景"。

峡谷中的地形奇特多变，有的尖如宝塔，有的像奇峰耸立，有的如洞穴般幽深。根据外形的特征，人们给它们起名叫狄安娜神庙、阿波罗神殿、婆罗门寺宇等。

光怪陆离的红色巨岩断层分布在峡谷两岸。值得一提的是，在阳光照耀下，红褐色的土壤和岩石呈现出的光彩五颜六色，或紫色，或深蓝色，或棕色，颜色随着太阳光线强弱的不同而变化。这种神奇的景观以其特有的魅力吸引着来自世界各地的游人。

▲ 科罗拉多大峡谷景色

最早来到这里的欧洲人，大抵是西班牙的一名骑士德科伦纳多及其队伍。1540年，他率领300人到此寻找黄金。他们在峡谷边缘，缘着水声找了三天，也没找到通往河边的路径。如果找到的话，他们一定会大吃一惊：估计那时的河道仅宽1.8米。

300多年后，艾甫斯上尉带领探险队来到这里。他从加利福尼亚湾起锚，沿科罗拉多河上溯，两个月后他登上岸，在南里姆骑着骡子沿着海岸行进。后来他是这样记述岩架的，距陡峭深渊的边缘不到8厘米，渊深300米；另一边，一堵陡直岩壁差不多触及他的膝盖。可见科罗拉多大峡谷是多么的陡峭。

一般人来到大峡谷，只觉满目苍凉。其实，大峡谷国家公园有多种野生动植物，已查明的陆地动物有90余种，鸟类180多种。植物有罂粟(yīng sù)、云杉、仙人掌、冷杉等。大峡谷里仍有早期印第安人的泥墙小层废墟。乘直升机飞到哈瓦苏峡谷上空，还可俯瞰到哈瓦苏派印第安人的居地。

大自然的怪异声响

在我国陕西省甸阳县境内有一条幽深而狭窄的峡谷，被人称作"哭谷"。1980年6月的一天，几名地质人员路过"哭谷"时，正值阴雨天，阴云随着山风徐徐掠过峡谷上空，突然传出一阵震耳的枪声，接着就是大人、小孩的凄厉哭喊声……这恐怖的气氛使地质人员心头发颤。究竟发生了什么事？然而，审视峡谷，一切如常。原来，据说解放前夕，曾有一个戏班子路过这里，被国民党军队用机枪屠杀于峡谷之中。当时天阴沉沉的，枪声、人们的惨叫声响彻峡谷。以后，每年这时碰上相同的天气，寂静的峡谷就会变成真正的"哭谷"，昔日的枪声、哭叫声复响人间。

▲ 大峡谷

广西融水县有一处著名的风景区"古鼎龙潭"。1987年1月10日清晨6时，这里忽然响起此起彼伏的锣鼓声、唢呐声、木鱼声，声音越来越响，并且富有节奏，直到当晚10时，龙潭鼓乐声才停止。当天有七千多人听到这奇异的鼓乐声。这种现象曾在1953年出现过一次，事隔30余年又重来，其间的奥秘尚待揭示。

自然界的这种储存历史音响的现象，表现最多的与战争有关，好像昔日战场易产生音响奇闻。

我国山海关附近有一片森林。一天夜晚，露宿在林间开阔地带的地质勘探队员，忽然听见帐篷外杀声震天，刀剑的撞击声和战马的嘶叫声交织成一片。但是到天亮一看，这里依然是野草青青，古树森森，什么也没有发生过。第二天又出现了这种现象。后来他们从史书上看到记载，原来这个地方曾是一个数百年前的古战场。

遇水显字的奇石

在内蒙古东部科尔沁草原的一座石山上，有一处遇水显字的奇石。

这座石山名叫"毕其格台哈达"，汉语的意思是"有字的山"。山脚下有一条清泉汩汩流淌，奇特的是，只要用泉水把山石壁涂湿后，石壁便会出现字迹，待水干了，字迹也就消失了。

这处石壁遇水显出的字迹十分古怪，如同大楷毛笔在上面书写的类似蒙、藏文的字样，有的横行，有的竖行，字体奇特，至今无人能够破译。而奇石上的文字始于何年何月，为何人所写，已难以考证。

当地只流传着这样一个关于奇石的传说：在很久很久以前，当地一位猎人在这里打伤了一只狐狸。当他追赶这只狐狸到山顶时，不慎坠落悬崖，坠入山下泉水中。猎人醒来后，发现那只狐狸正用舌头蘸着泉水为他舔洗伤口。猎人悔恨交加，便用箭蘸水，在石壁上写下了忏悔之语。很多年以后，人们发现了这座石山上的字迹，便称它为"毕其格台哈达"。

在玉门关不远的一个峡谷里，每逢阴雨、湿热的天气，晚上便会听到鼓角声声，呐喊震天，战马嘶鸣，兵器铿锵，仿佛有千军万马在激烈厮杀。古建筑设计院的一位教授通过查阅古籍、实地调查，向人们提示了这样一段史实：

1700年前，西晋大将马隆率3000人马与羌兵万余人在此地混战多时，双方伤亡都很惨重。马隆见敌众我寡，硬拼难以取胜，就想利用当地的磁铁矿，设计智取。他派兵丁预先挖来好多磁矿石摆放在一个险要峡谷的入口两旁，然后让全军兵马用牛皮甲替换掉铁甲，与羌兵交战。当晋兵佯败将羌兵引进峡谷口时，磁矿石产生的磁场吸引着羌兵身上的铁甲，使他们个个东倒西歪，挣脱不开。这时，恰

▲ 山海关

遇倾盆大雨，马隆率部调头杀回，全歼羌兵……

由于当时激战的声音被附近的磁场"录"了下来，才使玉门关附近的这个古战场的面目被今人所知晓。

超级天然回音壁

在河北省太行山区赞皇县境内的嶂石岩村，人们发现了世界上最大的天然超级回音壁。

这座大型回音壁位于风景秀丽的嶂石岩村的一处箱状峡谷中。它口小腹大，坐西朝东为半圆桶形，直径90米，弧长延伸达300多米，陡壁高100米，呈半封闭形。从回音壁内任何一个方向说话，你都可以听到清晰的回声。

像这样大型和完整的天然回音壁在国内是首次发现，它是怎样形成的，现在还不甚清楚。

▲ 超级天然回音壁

西湖成因之谜

▲ 杭州西湖夕照

西湖之水皎洁晶莹，宛若明镜明珠。吴山、宝石山南北环抱，若龙凤戏珠。夏日里接天莲碧的荷花，秋夜中浸透月光的三潭，冬雪后疏影横斜的红梅，更有那烟柳笼纱中的莺啼，细雨迷蒙中的楼台，无论你在何时来，都会领略到西湖不同寻常的风采。民间传说，有一条玉龙、一只金凤从王母娘娘手中夺回明珠化为西湖，由自己朝夕守护。传说毕竟是人们神奇虚幻的想象，那么西湖到底是怎么形成的呢？一说西湖为自然湖。距今两千多年前，西湖还是一个浅海湾。随着海水的冲刷，海湾四周的岩石逐渐变成泥沙沉积，使海湾变浅，钱塘江也带来泥沙，在入海口沉积。泥沙越积越多，最终将海水截断，内侧的海水就形成了一个潟湖。还有一种说法认为西湖是人工开凿出来的。晋朝时，郡守严高筑子城时凿了西湖，用以灌溉农田。因其在城垣之西，故称西湖。还有人认为西湖是由于火山爆发而成的。近年来，有地质学家提出，西湖不是一个典型的潟湖。持这一观点的学者认为，关于西湖形成的详细机制、确切年代等，至今仍然是一个谜。

神秘莫测的鄱阳湖

鄱(pó)阳湖一直以来都被称为是一个神奇的湖，这里曾发生过许多神秘莫测的事。

▲ 鄱阳湖

1945年4月16日，侵华日军的一艘运输船"神户丸"号，装满在我国各地掠夺的金银财宝和价值连城的古玩等，经长江回日本。船行驶到鄱阳湖老爷庙水域两千米处便无声无息地下沉了，船上的200多人全部失踪。此事惊动了驻九江市的日本海军，他们派出了一支优秀的潜水队伍，在山下提胎的带领下，来到老爷庙。这里水最深处仅30米，谁知潜水员下水后，却都有去无归，只有山下提胎一个人返回。

山下提胎脱下潜水服后面色苍白，吓得说不出话来，接着便精神失常了。当时的《国民日报》、美国的《旧金山论坛报》均报道了这则消息。日本投降后，国民党政府想获得这批财物，请来了由美国最著名的潜水专家爱德华·波尔带领的一批潜水员，于1946年夏天开始打捞。但结果一无所获，还失踪了几名潜水员。更令人不解的是，对打捞经过，所有生还的人都没有向外透露一点点情况。

南极的不冻湖

南极是人迹罕至的冰雪世界，素有白色大陆之称。在南极，放眼望去，皑皑白雪、银光闪烁。这片1400万平方千米的土地，几乎完全被几百至几千米厚的坚冰所覆盖。零下五六十摄氏度的温度，使这里的一切都失去了活力，丧失了原有的功能。石油在这里像沥青似的凝固成黑色的固体，煤油在这里由于达不到燃点而变成了非燃物。然而，有趣的自然界却奇妙地向人们展示出它那魔术般的本领：在这极冷的世界里竟然奇迹般地存在着一个不冻湖。

▲ 受污染的不冻湖水

酷寒地带的异类

科学家们所发现的这个不冻湖，面积为2500多平方千米，最深处达66米，湖底水温高达25℃，盐类含量为海水的6倍多。湖水遭到了极其严重的污染，并有间歇泉涌出水面。科学家们对这个湖的周围进行了考察，发现在它附近不存在类似于火山活动等地质现象。科学家们对于出现在这酷寒地带的不冻湖也感到莫名其妙。

水温的巨差

1960年，日本学者分析测量资料后发现，该湖表面薄冰层下的水温为0℃左右。随着深度的增加，水温不断增高。16米深处，水温升至7.7℃。这个温度一直稳定地保持到40米深处。在40米以下，水温缓慢升高。至50米深处，水温升高的幅度突然加剧。

不冻湖的成因

科学家提出这是气压和温度在特殊条件下交织在一起的结果。在3000多米冰层下，压力可达到278个大气压。在这样强大的压力下，大地所放出的热量比普通状态下所放出的热量多，而且冰在-2℃左右就会融化。另外，冰层还像个大地毯，防止了热量的散发，使得大地所放出的热量得以积存。这样在南极大陆的凹部就可以使大量的冰得以融化，变为湖水。成因真的是这样吗？我们期待更新的发现。

"蛇不出蛙不鸣"的湖

山东省济南市的大明湖称得上是一个怪湖，因为这里有草无蛇，有蛙不叫。按说，潮湿之地是蛇栖息的好地方，但在方圆80多公顷的大明湖畔却没有蛇，而济南市别处的蛇却很多。大明湖中有蛙，却都有口不叫。据传，乾隆皇帝一日游至大明湖，迷恋其美景，便在湖边下榻过夜，但夜里蛇跃蛙叫，搅得他不得安宁，于是乾隆信手写了6个字，"蛇进洞，蛙不鸣"。从此，由于没得到皇帝的特赦(shè)，蛇便不出来，蛙也不鸣叫。不过这只是传说，没有科学依据，不足为信。有人曾将大明湖的蛙移到护城河外，蛙便叫了；把外界会叫的蛙放进大明湖，却又听不到它的叫声。对于这个怪现象，直到现在也无人能解。

▲ 济南大明湖

失落的大西洲

柏拉图是古代希腊伟大的哲学家，他在2000多年前的描述使人们一直为大西洲的神秘所深深吸引。据柏拉图说，大西洲的所在地位于直布罗陀(tuó)海峡对面的海洋中部。根据这一说法，大多数大西洲学专家推测，失落的大洲应该就位于大西洋中部。

▲ 大西洲想象图

大西洲的鼎盛时期大约在公元前1.2万年左右。但后来突然天降横祸，一场强烈的地震和随之而来的海啸，使整个大西洲遭到了毁灭性的打击——一切曾经代表繁荣的都市、道路、运河及所有的国民，在顷刻间全都沉陷海底，不复存在。

通过对欧洲和美洲的动植物以及化石的大量比较，美国科学家发现了一个有趣的现象：在大西洋两岸都有骆驼、穴熊、猛犸和麝(shè)牛的化石；埃及的金字塔也非独一无二，在墨西哥、秘鲁也有与之相似的金字塔；西班牙的巴斯克人和南美的玛雅人都有一个大大的鹰钩鼻，而且所使用的松土泥鳅也一模一样……所有这些，都不难证明世界上有过这样一个大陆，它将欧洲、美洲和非洲全都联系起来了。

1974年，前苏联的一艘海洋考察船又拍摄到了许多这一带的照片，从照

▲ 失落的大西洲

片上人们可以清晰地看到古代建筑的断墙残垣(yuán)以及从墙缝中长出的海藻。

尽管大西洲的存在已有相当的证据，但也有不少人质疑。

目前，大西洲之谜仍然没有完全被人类解开，各种各样的争论仍在不断进行。

神农架的未解之谜

不知名的怪兽

在神农架石头村附近，有一个深水潭。1986年，当地农民在深水潭中发现了三只巨型水怪。它们表皮呈灰白色，长相与蟾蜍(chán chú)相近，大小却是蟾蜍的几十倍。这种怪兽有两只大而圆的眼睛，嘴巴极大，发达的前肢上长有5个又大又粗的脚趾，趾与趾之间有连接，在指尖还隐藏着锋利的爪。它们通常上半身露出水面，下半身浸在水中，所

▲ 经常出没于原始森林的动物

以，人们至今也不知它的下半身是什么样子，有没有尾巴，这种怪兽似乎有冬眠的习惯，因为冬天从来没人见过它。这种水中怪物到底是什么，就连动物学家也不敢妄下断言。有专家指出，7亿年前，神农架地层开始从海洋中崛起，历经浮沉，最后形成了今天的陆地。所以，我们有理由相信古生物的后代有条件在这里生活。如果真是这样的话，那么，它是哪种类生物的后裔(yì)呢？

▲ 神农架原始森林

白色动物

在通往板壁岩的公路旁，是白色动物的出没之地，这里很少有阳光透射进来，因此特别适宜金丝猴、白熊、白蛇、白龟、白猫头鹰等动物栖息。据说，白色动物只可能生活在北极，而这么多白色动物在神农架繁衍生存，仅仅由于气候

因素是无法解释清楚的。当然也就成了未解之谜。据见过白蛇的人介绍，白蛇洁白无瑕，盘踞(jù)时犹如一尊白雕，挺立时就像一根银棍，行动自如，匍匐潜行，霎时就没了踪影。

冷热洞

神农架地区有一个特别大的山洞，几千人站进去也不会觉得拥挤，山洞里到处是奇形怪状的石笋、石柱、石鼓和石帘，进去欣赏的人们都以为是走进了仙境，让人迷惑不解的是在洞口有一条冷热交界线，非常明显。站在冷的一边，冷气逼

▲ 神农架板壁岩山泉

人，寒风飕飕(sōu sōu)；站在热的一边，马上就有暖意融融，犹如春风拂面的感觉。而左右两面不过是一条线，温度相差却有10度以上，于是，冷热洞的名称由此而来。

为什么一个山洞会有明显的温差呢？

有人认为，洞中温度低是正常的，而温度高的一边可能是由于它的下面有温泉，使上面的土地受热散发热量。但是根据渗透原理，长年累月地挨着温度较高的地方，不可能有一条明显的分界线，于是有人对洞口的结构产生了浓厚的兴趣，由于洞口的构造奇特，冷热空气在洞口相交，混杂在一起构成了一道空气屏障，故此产生了这种奇怪的现象。目前，这两种观点各持己见。

黑竹沟的秘密

位于四川盆地西南的小凉山北坡的黑竹沟，是一个令人望而却步的恐怖地带。黑竹沟内古木参天，箭竹丛生，一道清泉奔涌而下，沟前有个叫关门石的峡口，据说如果有人的声音或者狗叫声惊动了这里的山神，它就会吞云吐雾，喷出阵阵毒气把误入竹林的人畜卷走。

1950年初，国民党胡宗南部队的半个连，依仗自己武器精良，准备穿越黑竹沟逃窜，可没料

▲ 川西古镇

到，部队进入黑竹沟后，就一个人也没有出来。究竟他们是被巨兽猛怪吞吃掉了还是中毒身亡，现在还不得而知。

1955年6月，中国人民解放军测绘部的两名士兵，欲穿越黑竹沟运粮，结果也神秘失踪了。部队出动两个排的力量寻找其下落，最终一无所获。

▲ 无人敢涉足的竹林

神秘浓雾

1986年，川南林业局调查队进入黑竹沟勘探，同时请来两名彝(yí)族猎手当向导。当关门石出现在眼前时，两位猎手将他们带来的两只猎犬放进沟去试探。第一只猎犬灵活得像只猴子一样，一跃身就消失在峡谷深处，可半个小时过去了，猎犬毫无动静。第二只猎犬前往寻找伙伴，结果也神秘地消失在茫茫峡谷中。两位彝族同胞着急了，不得不违背在沟中不能高声吆喝的祖训，大声呼喊他们的爱犬。顿时，遮天蔽日的茫茫大雾不知从何处突然涌出，几人尽管近在咫(zhǐ)尺，却无法看见对方，惊慌和恐惧顿时使他们大汗淋漓。五六分钟过去后，浓雾又奇迹般地消失了，四周又恢复了平时的宁静，队员们如同做了一场噩梦。面对这可怕的现象，为保证安全，队员们只好原路返回。今天，黑竹沟仍笼罩在神秘之中，或许将来有一天，有更先进的探测仪器可以帮助我们揭开它的神秘面纱。

死亡公路的奥秘

▲ 鲜艳的标志提醒路人注意安全

大西洋海域中的百慕大三角区，是世人皆知的恐怖地带。由于它神秘莫测，多次发生飞机、船舶失踪事件，被称为"魔鬼三角区"。其实，在地球上像这样的地方不止一处，也并非都在海洋中，陆地上也同样有让人心惊胆战的地方。

奇怪的公路

中国兰（州）新（疆）公路430千

米处，就是这样一个令过往司机头疼的恐怖地带。汽车行驶到这里，常会被一种神秘的力量推动，莫名其妙地翻车。虽然司机们一到这里就加倍小心，可事故还是接连不断地发生，每年少则十几起，多则几十起。有人调查了历次翻车事故，发现每次失控的汽车都是向北翻，于是人们推测北边可能有一个大磁场，是强大的磁力将汽车吸翻的。

地下水的辐射

人们总想了解产生这种现象的原因，科学工作者们也试图作出一个合理的解释。他们对这里进行了考察，结果认为：这些现象的产生是由于地下水脉辐射的影响造成的。这里地下有重叠交叉的地下河流组成的河水网，地下水脉的辐射量较之宇宙射线要强好几倍，司机受到辐射后便失去自制能力。

恐怖翻车地

在美国爱达荷州的州立公路上，离印支姆麦克蒙14.5千米处，也有一个被司机们称为爱达荷魔鬼三角地的恐怖翻车地带。正常行驶的车辆一旦进入这一地带就会突然被一股神秘的力量抛向空中，随后又重重地摔到地上，造成车毁人亡的惨重事故。

石头预示阴晴的奥秘

1988年，在川鄂(è)交界的四川省石柱县马武乡安田村，人们发现了一块能准确预告方圆几十里天气变化情况的"气象石"。

马武乡地处沟壑(hè)纵横的土家山区，交通闭塞，文化经济落后。长期以来，农民们习惯以土法识天气。因当地有几位土家族农民常到一块石头上歇息聊天，才发现了这块石头的变干变湿与天气变化极为密切：当水珠汇集于该石表面的某一方时，预示着那一方将要下雨；当水珠汇集于石头中部时，预示当地即将下阵雨；当水珠布满石头整个表面时，就预示着将要下大雨。更神奇的是，每当石头表面潮湿变黑时，就预示着阴雨连绵的天气即将来临；一旦石头表面由潮湿转

▲ 凸岩石

干发白，就告诉人们久雨不晴的天气快要结束了，同时由阴转晴的天气即将来临；如果石头冒蒸汽则是多云有雾、气温下降的预兆。有关专家认为，有些石头在大雨来临前有回潮现象，但马武乡安田村这块预报天气如此准确的石头，还非常少见。其中的奥秘至今无人能解。

古井为何会变化

▲ 荷池村的古井

湖南省洞口县竹市镇荷池村，有一口长宽各1.5米、深2米的近似四方形的石井。数百年来，井水一直清澈、甘甜，是当地百姓饮用的水源。可是，1979年以来，每逢下大雨前的一天或两天内，井水就会变成棕红色，水味也变得苦涩了。这种现象每次持续2~5小时左右，然后井水又恢复原状。为什么这口古井的井水会随天气变化而变色变味呢？至今也令人百思不得其解。

好望角风暴之谜

翻开世界地图，我们不难发现，非洲大陆就像一个大楔(xiē)子，深深地嵌入大西洋和印度洋之间，这个"楔子"的最尖端，就是曾经令无数航海家望而生畏的风暴之角——"好望角"。这里一年365天当中，至少有100多天狂风怒号，海浪滔天。最平静的日子里，海浪也有2米高，更不用说起风的时候，浪高6米以上，有时甚至高达15米！好望角附近经常发生海难事故，遇难海船和人员难以计数，甚至连它的发现人葡萄牙著名探险家迪亚士也葬身于此，许多人因

▲ 好望角

此而称好望角是"船员的坟墓"。

好望角处于石油运输线上黄金枢纽的重要地位，使得人们对好望角风暴成因也相当重视。多年来，科学家一直致力于研究这里风急浪高的成因，最终形成"西风带说"和"海流说"两种。由于好望角位于非洲大陆的西南端，它像一个大箭头穿入大西洋和印度洋的汇合处，因为好望角恰恰位于西风带上，所以当地经常刮11级的大风，大风激起巨浪，经过的船只就处在危险中自然是不言而喻了。西风带说的理论固然吸引人，而海流说认为每次船只遇难时，船行的方向与海浪袭来的方向相反，船是顶浪行驶的，换句话说就是，海底的海流推动船只顶着海浪花前进，几股力量的共同作用造成船毁人亡。

直到现在，持有各种观点的科学家仍然很难自圆其说。好望角附近的海面仍在无情地吞没不幸的船只。

多年来，科学家们为探寻好望角多风暴的原因而费尽心机，虽然还没有统一的说法，但是我们相信，不久的将来，人类一定能彻底掌握风浪活动的规律，让好望角附近的天堑(qiàn)变成通途！

恒河水自动净化之谜

在印度教徒的眼里，恒河是净化女神恒迦的化身，而恒河里的水就是地球上最为圣洁的水，只要经过它的洗浴，人的灵魂就能重生，身染重病的人也可以重获健康生命。每年都有众多的朝圣者虔(qián)诚而来，在恒河水里举行自己的重大宗教仪式。更有甚者在恒河水里自尽，以期洗去今世的罪孽(niè)和冤狱。于是，恒河上有时会漂浮着尸体。人们将尸体打捞起来

▶ 印度妇女笃(dǔ)信恒河水具有自动净化能力

火化后，会遵死者遗嘱将骨灰撒在恒河里。就这样年复一年，恒河水受到了严重污染，成了印度污染最严重的河流之一。可印度教徒依然我行我素，他们沐浴在此，饮用在此，却很少中毒或者得病。难道恒河水真的因为其神圣而具有了某种自我净化的能力吗？

河底的秘密

事实还真的如此。科学家曾经有意将一些对人体极为有害的病菌放入恒河的水中，可没过多久，这些病菌通通都被杀死。恒河水的这种净化能力从何而来呢？有人推测是河底的奥秘，河床里可能具有某种能杀死病菌的放射性元素，只是这个推测还未被证实。当然，恒河水的污染有目共睹。它的水质在以前要纯净优良得多，装上一壶河水，即使过了几个月，也依旧澄清、新鲜，像刚打上来时一样可以放心喝下。只是现在的恒河水已经被污染了，即使它具有自动净化能力，也无法承受人类这样无休止地侵害与折磨。人们相信，只要停止或者减轻对它的危害，它一定还能回到当初的模样。

▲ 印度人恒河沐浴

神奇的"子母河"

新疆北部有一条河，叫额尔齐斯河，穿行于阿尔泰山区，是我国流入北冰洋的唯一河流。这条河全长3000多千米，大部分在俄罗斯境内，我国境内只有上游的一小段，长约500千米。

这条河的神奇之处在于它能促进人畜生育。鸡、鸭、鹅喝了这条河的水以后，能多产蛋。长期不孕的妇女坚持饮用这里的水能怀孕生育。例如，20世纪60年代初期，新疆可可托海矿区一名炊事员，婚后20年没有孩子，他把妻子接到矿区，不到2年时间，他妻子就一胎生了一男一女，夫妻俩万分高兴，见人便说，咱们新疆真是个好地方。20世纪50年代初期，可可托海矿区有不少苏联专家，他们在苏联生活时，有好几个人的妻子长期不育，到这里生活几年后，都有了孩子。他们高兴地

▲ 新疆额尔齐斯河

说："中国真是一块宝地，不但资源丰富，而且我们多年不育的夫人来到这里就生了孩子。"

在神话小说《西游记》中，曾有过关于"子母河"的描述，没想到在现实生活中还真有如此神奇的地方。

那么，额尔齐斯河中上游的河水为什么这样神奇呢？原来，这条河的中上游属于高山严寒地区，雪水是额尔齐斯河的重要水源。雪水中含有一种名为"重氢"的物质。从医学角度讲，重氢对妇女生育有促进作用，所以，常饮这条河的水有利于妇女生育机能的恢复。

真相是否如此，还需要进一步研究。

金沙江大拐弯之谜

长江的上游叫金沙江，发源于青藏高原的东北部，与怒江、澜沧江并行流淌于横断山脉中，被人们称作"三江并流"。

当金沙江流经云南省的石鼓村北时，原本自北向南的流向，突然转而向东，随后又转向北。在几千米的距离内，有三个这样的180度大拐弯。是什么原因造成的呢？许多旅行者和科学工作者都感到迷惑不解，就连世世代代生活在当地的居民也搞不清其中的原因。于是多少年来，在金沙江产生了一个又一个美丽的传说。

▲ 金沙江虎跳峡

地球上没有一条河流是笔直的，包括河流开始形成的初期。河水流经之处，有的地方河道比较宽，有的地方会有树木石头等堵塞河道，这都会使流向发生改变。河道两边的物质也会不同，有的地方坚固，有的地方柔软，这些情况也会使河道发生弯曲。这种情况一旦发生，就会愈演愈烈，河道变得越来越弯曲。但像金沙江这样在几千米的距离内有三个180度的大拐弯，实属少见。

有人认为金沙江会发生这样奇怪的拐弯，只不过是因为当地地壳断裂的缘故。当金沙江流经石鼓村后，坡度突然加大。江的两岸分别是玉龙雪山和哈巴雪山，江底与峰顶的相对高度达到了3000多米，江水在只有几十米宽的深谷中奔腾，成为世界上最壮观的峡谷——虎跳峡。科学家们研究发现，虎跳峡是沿着一个很大的断层形成的，金沙江在流淌过程中正好遇到这个断层，所以会产生大的拐弯。

也有一些科学家们认为，如此奇特的地形，形成原因是不会这么简单的。他们通过实地考察与深入研究，揭开了金沙江的发展史。很久以前金沙江并没有像今天这样的大拐弯，而是与澜沧江和怒江一起向南流。在金沙江的东面，有一条由西向东流的河，人们称它为"古长江"。古长江不断地侵蚀着周围的岩石，流域向西不断扩展。随着时间的推移，古长江和金沙江在石鼓村附近汇合了，这种现象在地理学上称为"河流袭夺"。科学家还发现一条小小的河流——漾濞(yàng bì)江，这是人们认为当时金沙江流经的地方。漾濞江的源头为一片宽阔的低地。这里虽没有河流，但仍为一种河谷地形，这就更加证明了金沙江河道的形成原因。

"骷髅海岸"

在纳米布沙漠和大西洋冷水域之间，有一片白色的沙漠。葡萄牙海员把纳米比亚这条绵延的海岸线称为"地狱海岸"，现在叫做"骷髅(kū lóu)海岸"。这条500千米长的海岸备受烈日煎熬，显得那么荒凉，却又异常美丽。1933年，瑞士飞行员诺尔从开普敦飞往伦敦，因飞机失事，坠落在这个海岸附近。有一位记者指出诺尔的骸骨终有一天会在"骷髅海岸"找到，"骷髅海

▲ 骷髅海岸的诡异倒影

岸"从此得名。虽然诺尔的遗体一直没有发现，但却给这个海岸留下了名字。从空中俯瞰，"骷髅海岸"是一大片褶(zhě)痕斑驳的金色沙丘，是从大西洋向东北延伸到内陆的沙砾(lì)平原。沙丘之间，闪闪发光的蜃景从沙漠岩石间升起，围绕着这些蜃景的是不断流动的沙丘，在风中发出隆隆的呼啸声。"骷髅海岸"沿岸充满危险，有交错的水流、8级大风、令人毛骨悚然的海雾和深海里参差不齐的暗礁，来往船只经常被毁。

▲ 被骷髅海岸折断的船体

无头骸骨

1943年，考察队在"骷髅海岸"沙滩上发现了12具无头骸骨横卧在一起，附近还有一具儿童骸骨。不远处有一块风雨剥蚀的石板，上面有一段话："我正向北走，前往97千米外的一条河边。如有人看到这段话，照我说的方向走，神会帮助他。"这段话写于1860年。至今没有人知道遇难者是谁；也不知道他们是怎样遭劫而暴尸海岸的，为什么都掉了头颅。

南极无雪干谷中的秘密

美丽神秘的南极洲位于人类居住的地球的最南端，它终年积雪，是地球上最高最冷的一个洲。然而，就是这样一个冰雪皑皑的世界，随着人类在南极区域活动范围的扩大，也发现了一些面积不小的地区没有雪。

最早进入这个无雪干谷地区的人是著名的极地探险家斯科特。当时，他被这里的景象惊呆了，没有冰，也没有雪，只有裸露的岩石，还有岩石下面那一堆海豹等兽类的遗骨。他心想：这里看不到任何生命，生命却在这里被扼杀，看起来，这里一定有鲜为人知的秘密。

对此，科学家们提出了不同的意见。一种观点认为，根据世界上曾经出现过鲸鱼自杀的现象，可能海豹也像鲸鱼一样来这里结束自己的生命，可是，科学家们找不到海豹自杀的理由。另外有人认为，海豹是因为在海岸上迷失了方向，在无雪干谷找不到可以饮用的水，不等它们爬出谷地就没有一点儿力气了。最后被活活地渴死了。这些只是推论而已，在确凿的证据出现之前，海豹的遗骨只能是一团迷雾。

在这个无雪干谷的腹地，日本繁荣科考队发现另一种奇异的现象：被命名为"范达湖"的水温。在三四米厚的冰层下，水温是0℃左右。在15～16米深的地方，水温升高了7.7℃。到了40米以下，水温竟然可以达到25℃，这种水温已经跟温带地区海水的温度相当。范达湖的温度差到底是怎么形成的

▲ 南极无雪干谷

▲ 南极洲的冰雪世界。

呢？同样有两种观点：一种认为地热活动产生的巨大能量使湖水的温度上冷下热；另一种是太阳辐射说：南极地区夏季的光照时间长，湖面接收太阳辐射的热能量就比较多，而冬天的时候，湖面几米厚的冰层使湖水含的盐分增高，所以水的密度就会变大，这样，即使夏天水温升高的时候，由于表面水的密度大于中层和底层水的密度，导致温暖的表层水下沉，从而形成湖水的奇特温度差。究竟孰是孰非，尚无定论。

神秘的无雪干谷地区吸引着无数的探索者前来就地取样研究，但这一道道难题尚无定论，相信有一天，科学家终究会揭开"庐山真面目"。

巨石为什么会变色

在澳大利亚中部辽阔的沙漠地带，兀立着一块孤岛般的巨石——艾尔斯巨石，它高330米，方圆达10千米。这块岩石平时为一种颜色，而到早晨和黄昏又变得通红，远远望去好似熊熊燃烧的大火。岩石为什么会在早晨和黄昏变成红色呢？千百年来，人们一直未能解开这个谜。

近年来，有人指出，这块岩石变色之谜可能与太阳的作用有关。太阳光在早晨和傍晚是斜切地球外表的大气层照射地球的，这时它穿透的大气层要比白天厚，所以常常可以把天空染成一片火红色。平时我们看到的太阳光近乎白色，实际上太阳光由七种颜色组成，它的颜色在穿越大气层时就消失了，唯有接近红色的光比较集中，照射的距离很远。岩石变色之谜是否真的与此相关，还有待人们做进一步研究。

▲ 艾尔斯巨石

死神岛之谜

在距北美洲北半部加拿大东部哈利法克斯约100千米的北大西洋上，有一座令船员们非常恐怖的小岛，名叫"赛布岛"，"赛布岛"一词在法语中的意思是"沙"，意即"沙岛"，这个名称最初是由法国船员们给它取的。

据地质史学家们考证，几千年来，由于巨大海浪的凶猛冲击，使这个小岛的面积和位置不断发生变化。最初它是由沙质沉积物堆积而成的一座长120千米、宽16千米的沙洲。而在最近200年中，该岛已向东迁移了20千米，长度也减少了将近大半。现在岛长只有

▲ 死神岛附近的海水

40千米，宽度却不到2千米，外形像又细又长的月牙。全岛一片细沙，十分荒凉可怕，没有高大的树木，只有一些沙滩小草和矮小的灌木。

此岛位于从欧洲通往美国和加拿大的重要航线附近。历史上有很多船舶在此岛附近的海域遇难，近几年来，船只沉没的事件又经常发生。从一些国家绘制的海图上可以看出，此岛的四周，尤其此岛的东西端密布着各种沉船符号，估计先后遇难的船舶不下500艘，其中有古代的帆船，也有现代的轮船，丧生者总计在5000人以上。因此，一些船员对此岛非常恐惧，称它为"死神岛"。在西方广泛流传着有关"死神岛"的许多离奇古怪的神话传说，令人听而生畏。"死神岛"给船员们带来的巨大灾难，激发科学家们去努力探索它的奥秘。为了找到船舶沉没的原因，不少学者提出了种种假设和推断，例如，有的认为，由于"死神岛"附近海域常常出现威力无比的巨浪，能够击沉毫无防备的船舶；有的认为，"死神岛"的磁场不同于其邻近海面，且变幻无常，这样就会使航行于"死神岛"附近海域的船舶上导航罗盘等仪器失灵，从而导致船舶失事沉没；较多学者认为，由于此岛的位置经常移动，而它的转移规律也在不断变化，岛的附近又大都是大片流沙和浅滩，许多地方水深只有2～4米，加上气候恶劣，常常出现风暴，因此，船舶很容易在这里搁浅沉没。关于"死神岛"之谜，仍需要今后继续深入探索和研究。

蛇岛为何只有蝮蛇

在我国渤海海域、距老铁山角约30千米处，有一个面积约1平方千米（长约1.5千米、宽约0.7千米），由石英岩、石英砂岩等组成的岛屿。这里地势险峻，从西北向东南方向倾斜，海拔215.5米，有很多海蚀洞穴和灌木草丛。由于这个岛上有许许多多的蝮蛇，因而，人们把它称为蛇岛，也称小龙岛。

▲ 蝮蛇

蛇岛以蝮蛇的数量众多而驰名中外。当你踏上蛇岛，你就会发现，无论在树干上或草丛中，也不论在岩洞里或石缝内，处处都有蛇。它们有的盘踞在那里，有的正在爬行，还有的张口吐舌，好像要吃人似的，露出一副凶相。这些蛇会利用各种保护色来保护自己，当它们倒挂在树干上时就像枯枝，趴在岩石上时又好像岩石的裂纹，蜷（quán）伏在草丛间时活像一堆牛粪。

这种蝮蛇别称"草上飞"、"土公蛇"，是爬行纲蝮蛇科的一种毒蛇，长60~70厘米，大的可达94厘米。头呈三角形，脖颈细；背上是灰褐色，两侧各有一处黑褐色圆斑；腹部为灰褐色，上面有黑白斑点。多生活在海拔较低的山区，以鼠、鸟、蛙、蜥蜴等为食。我国除云南、广东、广西沿海未发现外，其他各地也都有少数的蝮蛇，而唯独蛇岛数目极大。据统计，蛇岛上的蝮蛇有14000多条，并且每年增加1000多条左右，人们不禁要问，在这小小的孤岛上为什么栖息着这么多的蝮蛇？为什么它们的种类只有一种呢？

我国科学工作者经过考察研究后认为，蛇岛特殊的地理位置为蝮蛇的生存和繁殖创造了良好的环境。

蛇岛面积虽小，但和台湾岛、海南岛等岛屿的形成基本一样，都是第四纪时从大陆分离出去的"大陆岛"。在地质构造、岩石性质、植物种类等方面，蛇岛和旅顺、大连地区的情况都差不多。岛上的石英岩、石英砂岩和沙砾岩中，有许

▲ 蝮蛇正在吞食同类

多大大小小的裂缝，这些裂缝既能积蓄雨水，又为蝮蛇提供了良好的住所。

▼ 蛇岛

其次，蛇岛位于暖温带海洋中，气候温和湿润，是东北最暖和的地方，对昆虫、鸟类的繁殖极为有利。更重要的是该岛处于候鸟南北迁徙(xǐ)的路线上，同山东荣城、江苏盐城、上海崇明岛等候鸟栖息地连成一线。每当春秋两季，过往的候鸟有几百万只，树木茂密的蛇岛便是它们"歇脚"的好地方。由于蝮蛇有一套守株"待鸟"的本领，它鼻孔两侧的颊窝是灵敏度极高的热测位器，能测出0.001度的温差，因此只要鸟停留在距离蝮蛇1米左右的枝头，它们就能准确无误地把它逮住，使之成为自己的美餐。"植物—昆虫—鸟雀—蝮蛇"，构成了蛇岛的生物链。

另外，岛上土壤相当深厚，土质疏松，水分适中，宜于植物生长和蝮蛇"打洞"安居。蝮蛇天生怕冷，洞穴为它们提供了过冬的条件。同时，岛上人迹罕至，也没有刺猬等蛇类的"天敌"，对蝮蛇的生存很有利。蝮蛇是一种卵生的爬行动物，繁殖能力较强，母蛇每次可产10多条小蛇。在生得多、死得少的情况下，蝮蛇的数目日益增加。

如果说上述分析能够解释蛇岛为什么有这么多蛇的话，那么，这些蛇为什么会是清一色的蝮蛇呢？

有人认为，蛇岛的面积很小，可供蛇类吞食的东西有限，捕食鸟类也并不容易，往往还会遭到老鹰的袭击。对于那些食性狭窄、自卫能力又很弱的一般蛇类来说，难以在岛上生存，而蝮蛇的食性相当广，猎食和自卫能力也很强，在长期的自然演化中，蛇岛上只留下单一的蝮蛇。

但也有人提出这样的问题来反驳：蛇岛周围海域共有5个小岛，地理环境和气候条件又差不多，为何其他4个岛上没有蝮蛇，而只有蛇岛上有这样多的蝮蛇呢？看来，这个谜还有待于科学家们的进一步研究。

贝加尔湖之谜

贝加尔湖是亚欧大陆最大的淡水湖，也是世界上最深、蓄水量最大的湖。这

▲ 贝加尔湖藓虫

里曾是中国古代北方民族的活动区域，传说汉代苏武牧羊就在此地；元代的时候，中国人曾把贝加尔湖称为"北海"。对居住在它周围的布里雅特人来说贝加尔湖是一个"圣海"，然而对科学家来说，它则是一个拥有许多自然之谜的"疑案"。从18世纪到今天，科学家们已经用10多种文字，在20多个国家里出版了2500多部有关贝加尔湖的著作。

最使科学家感兴趣的是湖中古生物的古老性，许多淡水生物在西伯利亚的其他江河湖海里已经找不到踪迹，只有在几千万年前甚至几亿年前的地层里才有它们的化石。更令人奇怪的是，很多生物要到相隔甚远的地方才能找到。比如，藓(xiǎn)虫的近亲生活在印度的湖泊里；长臂虾只有在北美洲才有它的同伴；蛤(gé)子仅仅出现在巴尔干半岛的奥克里德湖。

贝加尔湖的湖水一点咸水也没有，可是湖里却生活着地地道道的海洋生物：海豹、海螺、海绵、龙虾等。这个湖的动植物告诉人们，这里有64%的动植物在世界任何地方都是找不到的，难怪这里有"生物博物馆"的美称。

这一切都无法解释，难怪古代的西伯利亚人叫它"谜语之海"呢。

科学家们认为，在几百万年以前，像贝加尔湖的许多特殊的淡水生

▲ 贝加尔湖海虾

物，在世界各地都有，但是经过漫长的岁月和大自然的严酷袭击，它们差不多都被无情地淘汰灭绝了，今天，我们只能在地球上某些环境条件较好的角落里，才能找到它们的身影，贝加尔湖就是它们的世外桃源。

贝加尔湖没有经过第四冰川的袭击，成为第三纪淡水生物的天然避难所，并且还发展了许多新的品种。然而，那些典型

▲ 贝加尔湖的生物群落

的海洋生物，又是通过什么方式和在什么时候悄悄进入贝加尔湖的呢？

的的喀喀湖曾经是海洋吗

的的喀喀湖是世界最高最大的淡水湖，被称为"高原明珠"。传说水神的女儿伊卡卡私自与青年水手蒂托结为夫妇。水神发现后，一怒之下将蒂托淹死，伊卡卡悲伤不已，她将蒂托化为山丘，自己则变成浩瀚的泪湖。印第安人为了纪念他们，将他俩的名字合在一起称之为"的的喀喀湖"。

▲ 的的喀喀湖

的的喀喀湖位于玻利维亚和秘鲁两国交界的科亚奥高原上，但在湖泊四周却发现许多海洋贝壳化石。科学家推测在很久以前，这里的高原应该还是在海底，大约在一亿年前由于地壳的变动，被迫推挤上升。虽然地壳的变动已是极为久远的事，但是现在的的喀喀湖中仍然存在着海洋生物，比如海马、绿钩虾及贝类。

2004年8月，意大利著名考古学家洛伦佐·艾比斯和他的考古研究小组在的的喀喀湖地区进行了一系列研究探索工作，并利用机器人深入到湖面以下100米的地方进行拍摄。拍摄到的照片显示，在的的喀喀湖底下隐藏着一座已经残破的古代建筑群遗址，估计这个城镇于1万年前消失。照片还拍到了一些陶瓷器皿以及一座镀金雕像，这表明当时在此居住的人们已经达到了相当高的文明程度。那会是个怎样的文明呢，还有待他们进一步的考证。

咸水湖是怎样形成的

我们把含盐量少于0.3%的水，称为淡水；含盐量在0.3%～2.47%的称为半咸水；含盐量在2.47%以上的称为咸水。这里所说的咸水湖，是指湖水含盐量超过2.47%的湖。

那么，咸水湖是怎样形成的呢？关于这个问题的答案，一直众说纷纭。

大多数湖泊的水，都是河水注入的。江河在流动的过程中，河水把所经过地区

▲ 青海茶卡盐池

的岩石和土壤里的一些盐分溶解了；另外沿途流入河流里的地下水也带给它一些盐分，当江河流经湖泊时，又会把盐分带给湖泊。如果湖水又从另外的出口继续流出，盐分也跟着流出去了，在这种水流非常畅通的湖中，盐分是很难集中的。

如果有些湖泊排水不方便，而且因气候干燥，蒸发消耗了很多水分，含盐量便愈来愈高，湖水就会愈来愈咸，成为咸水湖。在大草原和荒漠地带，由于降水少，蒸发又强，地势平坦，排水不畅，往往咸水湖分布较多，如我国青海省柴达木盆地中的察尔汗盐池、茶卡盐池都是世界上著名的盐湖。还有人认为，咸水湖原是海的一部分，海水退去以后，在低洼地方有一部分海水遗留下来，成为现在的湖，因此湖里的水保留了很多的盐分。还有人说，咸水湖是由于结晶岩石经过风化，所含盐分被释放出来，或者地下水把古代沉积的盐溶解之后带入湖里等原因造成的。究竟咸水湖的形成原因是什么，现在还不能确定。

能杀人的湖

1984年8月16日的清晨，一位叫福勃赫·吉恩的年轻牧师和其他几个人正驾驶着一辆卡车经过喀麦隆共和国境内的莫努湖。这时，发现路边有个人正坐在摩托车上，仿佛睡着了一样。但当吉恩走近摩托车时，他发现那个人已经死了。而牧师转身朝汽车走去时，觉得自己的身子也开始发软。吉恩的同伴也很快倒下了，而吉恩却设法逃到了附近的村子里。

到早上10点半，当局得知在这条路上丧失生命的已有37人，很明显这些人都是一股神秘的化学气体所杀害。这股化学云状物体包围的一段路面足有200米长。虽然还没有进行尸体解剖，但对尸体进行检查的巴斯医生断定这些人都死于窒(zhì)息，他们的皮肤都有因化学作用而留下的伤。

使这些人丧失生命的云状气体是从莫努湖中自然产生的。附近的村民报告说，在前一天晚上有轰隆轰隆的爆炸声传出。当局注意到湖里的水呈棕红色，说明平静的湖水已经翻动过。引起这股云雾的原因是什么？火山学家西格德森认为在最深的水中，通过保持碳酸氢盐的浓度，微妙的化学平衡使莫努湖发生了强烈的分层。某种东西拨乱了这种分层，使深水中丰富的碳酸盐朝着水面上升。这种压力的突然变化，释放出二氧化碳，就像打开苏打瓶盖一样产生爆发，这一爆发形成了5米高的波浪，使岸边的植物都倒下了。这股合成的云状物就是密度很大的二氧化碳气体，这股气体被风带到路上，并一直停留在离地面很近的地方。西格德森说，很明显，在黎明前的这段时间里，由于天黑使村民看不见这一云状物，同时，他猜测到这股云雾中含有硝酸，这就使人们天亮时能看见它，也能解释死者皮肤上的灼伤。

> **地下火**　🔑
>
> 　　地球的地层深处，蕴藏着丰富的地下宝藏，也隐藏着许多不解之谜。据前苏联科学家们鉴定说，在苏联，有一个煤矿的地下火已经燃烧了3000余年，这真是一个奇迹。
>
> 　　据科学家们估计，这场火还将继续燃烧，也许要延续几个世纪。它在地下550米的深处，灰烬和热气从山坡滚滚冒出。人们要想扑灭这场火，所需要的费用远远地超过了所抢救出的煤矿石的商业价值。因此，人们也只得由它去燃烧了。
>
> 　　这场地下火是世界上烧得时间最长，也是最大的地下火。但在美国俄亥俄州也有类似的地下火，从1984年一直烧到现在。蒙古也有一处地下火，烧了50多年。
>
> 　　如何处理和看待地下火燃烧问题，它会给地球带来什么影响，这又是大自然留给人们的一个亟(jí)待认识和解决的问题。

南美洲石球的来处

　　在南美洲哥斯达黎加的一些森林沼泽地带，分散着许多圆球形的石头。它们虽然大小不一，但表面各点的曲率几乎是完全相同，是非常理想的圆球。

▲ 怪石球

哥斯达黎加的森林沼泽并不是世界上唯一发现石球的地方。在联邦德国的瓦尔夫格保、埃及的卡尔加、美国的加利福尼亚州和新墨西哥州以及新西兰的黑埃拉·鲍尔达海滩等许多地方都曾发现过神秘的石球。在我国山西雁北地区和新疆的第三纪砂岩中也曾发现过砂岩类石球。

▲ 哥斯达黎加石球

此外，在一些火山附近，人们也曾发现过石球。早在1930年，美国矿山工程师戈登就在墨西哥哈利斯科州一处银矿附近发现过一个大石球队。接着，考古学家斯特林在其附近的阿梅卡山上发现了一个更为壮观的"石球王国"。后来，美国地质学家史密斯进行考察，他推测，约在4000万年前，阿梅卡曾发生过火山爆发。

我国河南信阳上天梯珍珠岩矿区的刘家冲流纹岩中也有一处火山石球带。

这些神秘的石球到底从哪里来的呢？科学家们提出了种种看法。美国的直克罗夫斯基等人就哥斯达黎加石球作出这样一个有趣的解释。他认为，这些大小不同的圆球队放在这里有一定目的。比如说它们代表天上不同的星球，彼此相隔的距离表示星球间的相对位置。这可能是宇宙来客给地球的纪念品，他们想向人类表达某种意思。也有一些考古学家断言石球是石器时代人类创造的，把它作为防御和狩猎的设施和工具，或是为某种亲友放的祭祀品。但大多数科学家反对这种观点，他们认为是大自然的天生之物。关于火山附近的石球，有不少科学家认为，可能与熔岩的压力作用有关。但以上多种说法都没有足够的证据让人信服。

石球究竟从何而来或者说它们的形成究竟需要一些什么特定的条件呢？至今还是一个难解的谜。

神秘的北纬30°线

在地球北纬30°线附近，有许多特别神秘和有趣的自然现象，多少年来，一直困惑着人们。

美国的密西西比河、埃及的尼罗河、伊拉克的幼发拉底河、中国的长江等著名的河流都在北纬30°附近入海，而地球上最高的珠穆朗玛峰和最深的西太平洋马里亚纳海沟，也在北纬30°附近。

在这一纬度上，有许多奇观妙景，令人惊叹大自然的匠心独运。就我国而言，有钱塘江壮观的大潮，有被称为"归来不看岳"的安徽的黄山，秀美的江西庐山，

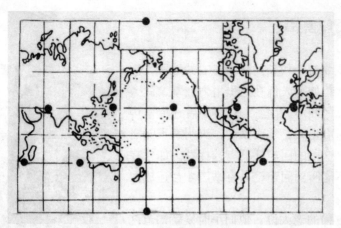

▲ 北纬30°地图

四大佛教名山之一的四川峨眉山等，都是世人赞叹的旅游胜地。可是，它也是飞机经常出事的多空难地带，真不可思议。最令人感到神秘的是，在这一纬度上还有许多解不开的自然之谜：埃及的金字塔和狮身人面像、撒哈拉大沙漠中的岩画、百慕大三角区、我国四川自贡市大批恐龙的灭绝……

为什么北纬30°线这么怪、这么有趣而神秘呢？

对于神秘的北纬30°线之谜，有人认为这是人为制造的。韩林发表文章，认为有许多被称为神秘的地方，严格地说并不在北纬30°附近。他还认为，如果用一把尺子在地图上量，熟悉历史、地理的人会在任何一条纬度线上发现许多"神秘"之处。

他以北纬25°为例，列举出这样一些事：

有伊斯兰教、佛教、印度教的圣地；

有猿人化石发现地中国云南省元谋县；

有百慕大三角区和沉没的大西洲；

有桂林山水、路南石林、滇(diān)池洱(ěr)海、腾冲温泉；

有能传出鼓乐之声的广西融水龙潭，有发现自然铝（含量达96%）的广西贺州。

以上这些地方都偏离25°线不到1°。

如果抛开纬度，在任何经度线（环球）上也都含有许多"神秘"之处，因此，不要把北纬30°线之谜的东西当作什么重大发现而疑神疑鬼。

"鸡娃地"的鸡鸣声

河南省登封市城北有一块长约50米左右的地段，被人们称为"鸡娃地"。如果人们在这里用力鼓掌，就会听到小鸡的"叽！叽！"叫声。而且，这种声音还受掌声控制，掌声大，鸡叫声也大；掌声紧凑，鸡叫声也随之紧凑。更离奇的是，这里的回声还具有选择性。如果在这里大声喊叫，并不能听到回声，只有掌声才会造成回声。

▲ 前来鸡娃地的探险者

当地一些年过古稀的老人说，他们小时候就知道这块神奇的鸡娃地，不过那时是空地。现在，鸡娃地的两侧已建起了房屋、院舍，但鸡叫声依然如故。

鸡娃地的鸡叫声，是什么东西发出的呢？人们现在还没有找到答案。

野生油菜为何千年不绝

在王昭君故里，即湖北省兴山县香溪口附近，有一块不用播种也能收获油菜籽的神奇土地。

▲ 油菜地

这块土地面积约200平方千米。当地人每年冬天都会将山坡上的杂草灌木砍倒，用火将草木烧掉。待几场春雨一洒，就生长出碧绿的油菜。据了解，这里方圆20多个村庄的人家，每户每年可收野生油菜籽60多千克，基本上能解决生活用油。一位70多岁的老农说："我从出生就吃这种油菜，老辈人也吃它。记得1935年发大洪水，山坡上的树被连根拔起，可第二年春天油菜照样开花。"

当地人传说，昭君姑娘出塞前曾在此采药，种下菜籽，并嘱"连发连发连年发"，所以野生油菜才"野火烧不尽，春风吹又生"。但传说毕竟不等于科学，那野生油菜多年生而不绝的科学依据又是什么呢？现在还没人能解开这个谜。

琥珀空气

树胶包裹了昆虫、树叶，硬化之后就成了琥珀(hǔ pò)。研究琥珀，可以追溯若干年前的自然环境。

美国的两位地理学家盖里·兰蒂斯和罗拉特·贝纳，前几年把几块内有气泡的8000万年前的针叶树脂球琥珀放进一个真空容器中，然后打破琥珀，释放出气体。结果发

▲ 琥珀

现，8000万年前空气里氧气的含量为32%，而现在的氧气含量为21%，比那时减少了11%。

如果这一发现准确无误的话，那么有关大气演变的许多观点都需要重新考虑。贝纳说："大气的演变是极其缓慢的，要经过上百万年的时间。"他指出："大多数生物都容易适应这种变化。但是，有一些生物却被无情地淘汰了，恐龙的绝灭便是一个例子。"

据说，这两位科学家的下一步工作，是研究一块2亿多年前的琥珀。人们期待着他们有更新的发现。

▲ 琥珀

恐怖的草海

在世界著名的百慕大三角海区的东邻广阔海域，也曾发生过轮船沉没、飞机坠落的骇(hài)人听闻的事件。而且，这片海域要比百慕大三角海区大得多。这片海域中长满了绿色的水草。当年哥伦布率领3艘帆船经过这里时，整整与水草搏斗了3个星期才逃出这片"水上草原"。他们给这片草海起了个名字叫"萨尔加查"，葡语的意思为"腌了的海"。后来，"萨尔加查"就成了这片海区生长的海草的名称，我国则称其为"马尾藻"，称这片海为"马尾藻海"。

现代科学的发展，使人们从卫星云图上看到，马尾藻海是一个椭圆形的海区，

▲ 马尾藻海的马尾藻时有时无，时隐时现。

位于北纬20～35°、西经20～60°，也就是东起亚速尔群岛，西至巴哈马群岛和安的列斯群岛，面积约为450万平方千米。许多科学家认为，马尾藻海恰好处于大西洋北部环流的中心，那里就像台风眼一样，是一个风平浪静、水流微弱的海区。英国的约翰·H·雷瑟博士对马尾藻海的水流稳定还提出一种独特的见解。他认为马尾藻海是由于浅海区的暖水团漂到大洋中较冷的深水层上，形成一个迅速改变温度的飞跃层，飞跃层将大洋中的冷暖水团明显隔开而互不对流。因此，马尾藻海的海水稳定，表层海水几乎不与中、下层海水发生混合，浅水层的养料便没办法更新。浮游生物在马尾藻海的表层无法旺盛繁殖，以浮游生物为食物的海兽和大的鱼类也无法生存。这里便成了死气沉沉的海区。

可是，这一望无际的海草是从哪里来的呢？有人认为它是从西印度群岛沿海地区漂来的。它们原先附生在海底的礁石丛间，后来被一场飓(jù)风冲碎而漂浮过来。但这一论点于1930年被美国的巴尔博士否认。他发现海草是漂浮生长的，没有任何迹象表明它们曾有过贴附在礁岩上生长的一段生命史，而且这些海草总产量达到好几百万吨，显然不可能是从沿海海床漂移过来或者由什么船运过来的。但巴尔博士也没有说出这些海草是从哪儿来的。

看来，轮船在该海区失事，是误入马尾藻海所致：海草缠住了螺旋桨，使轮船不能动弹，困在其中，甚至失去控制而造成倾覆或碰撞沉没。但是，飞机在这里遇难又如何解释呢？更令人奇怪的是，这大片海草时有时无，给这片海区蒙上了一层神秘的面纱。

▲ 马尾藻海的鱼类

瓦塔湖零下70℃不结冰

瓦塔湖位于南极洲的莱特冰谷里，虽然湖面常年冰封，寒气逼人，可是湖泊深处大不一样。

瓦塔湖表面冰层下的水温是0℃左右，随着深度的增加，水温逐渐增高。水深15～40米处水温为7.7℃；40米以下的深处，温度升得很快，距湖面60米处，有一层含盐很大的咸水层，温度达到27℃，比表面冰块的温度高47℃。极地考察队员把瓦塔湖称作地下"暖水瓶"。

起先，人们认为地下也许有地热活动。可是，国际南极干谷钻探计划实施以后，人们发现地底下不但没有地热活动，而且湖底沉积物的温度要比湖水温度低很多，这说明湖底没有地热活动。

▲ 南极企鹅

▲ 瓦塔湖远眺

美国和日本的南极考察者认为，热源来自太阳。

瓦塔湖冰层很厚，而且湖水洁净。阳光照射透明的湖水，把湖底的水晒成温水。由于湖底水含盐量高，能够很好地积聚热能；上层的淡水层像条棉被，盖在上面，湖面的冰层又像密封的保暖床，使温水得到保暖。

但是，如果真是这样的话，像瓦塔湖这样的"暖水瓶"在南极不止一个，而事实并非如此。所以很多人不赞成这种说法。瓦塔湖依然是个难解的谜。除此之外，南极还有一些奇异湖泊，如干谷的唐·胡岁塘湖，在-70℃的低温下，居然波光闪闪不结一块冰，真让人难以相信！

海市蜃楼

1978年，拿破仑率领大军攻打埃及，军队在沙漠中行进时，茫茫沙漠中突然出现一个大湖，顷刻间又消失了。不久又出现一片棕榈(lú)树林，转眼间又变成荒草的叶子。士兵们被弄糊涂了，以为世界末日来临，纷纷跪下祈求上帝来拯救自己。

这种奇异的现象称为"海市蜃(shèn)楼"。

如果幸运，你能在晴朗的天气里看到迷雾笼罩的大海上，有若隐若现的些许高台建筑，色彩绚丽，美丽绝伦，这就是海市蜃楼。

其实，海市蜃楼是光在密度分布不均匀

▲ 海市蜃楼

的空气中传播时发生全反射而产生的。在沙漠中，由于强烈的太阳光照射在沙地上，接近地面的空气被迅速加热，因此其密度比上层空气的密度小，折射率也就小。从远处物体射向地面的光线，进入折射率小的热空气层时被折射，入射角逐渐增大，也可能发生全反射，人们逆着反射光线看去，就会看到远处物体的倒影，仿佛是从水面反射出来一样。沙漠中的行者就常常被这种景象所迷惑。

蜃景与地理位置、地球物理条件以及那些地方在特定时间的气象特点有密切联系，不仅能在海上、沙漠中产生，柏油马路上偶尔也会看到。柏油马路因路的颜色深，夏天在灼热阳光下吸收能力强，同样会在路面上空形成上层的空气冷、密度大，而下层空气热、密度小的分布特征，所以也会形成蜃景。

地球表面有厚厚的大气层，日出时，当太阳在地平面附近射出万道光芒时，光线从水平的方向射向地球时，十分厚重的、密度不同且各层之间时常变化的低层大气常使太阳光发生折射，使太阳出现多种幻形：拉长的、压扁的、弯曲的，有时甚至另成形状，人们可以根据自己丰富的想象力将这些奇形怪状想象成各种不同的影像。

我们形容日出时是"红日初升"，日落时是"残阳如血"。这两种时候的太阳颜色得归功于大气。赤、橙、黄、绿、蓝、靛(diàn)、紫七种不同颜色的光波组成太阳看似白茫茫的光线。在这七种光线中，紫色光波最短，红色光波最长。空气

▲ 海市蜃楼奇观

的微尘、水分、空气分子能起三棱镜的作用，把七色光分散开来，这种分散现象就是散射作用。

散射作用随波长的变短而加剧。日出、日落的太阳呈现血红色是由于地平线上的太阳光穿透厚厚的空气时，蓝光和紫光被空气的散射作用减弱，剩得最多的就是红色光而形成。

这些就是太阳光在不同大气条件下发生的不同现象。海市蜃楼就是其中的一种。

鸣沙的奥秘

鸣沙这种自然现象在世界上不仅分布广，而且沙子发出来的声音也是多种多样的。比如说，在美国夏威夷群岛的高阿夷岛上的沙子，会发出一阵阵好像狗叫一样的声音，所以人们称它是"犬吠沙"。苏格兰爱格岛上的沙子，却能发出一种尖锐响亮的声音，就好像食指在拉紧的丝弦上弹了一下。从中国的鸣沙山上滚下来，那沙子就会像我国著名气象学家竺可桢(zhēn)描述的那样"发出轰隆的巨响，像打雷一样"。

▲ 骆驼队经过鸣沙山

甘肃省敦煌市城南6千米有一处鸣沙山。鸣沙山东西大约40千米长，南北大约有20千米宽，高有数十米，山峰陡峭。它的北麓就是特别著名的月牙泉。人们如果登上鸣沙山往下看，只见沙丘一个接着一个，真是沙丘如林。人们如果从山顶顺着沙子往下滑，那沙子就会发出一阵阵的声响，不绝于耳。据史书记载，天气晴朗的时候，鸣沙山上就会有丝竹管弦的声音，好像在演奏音乐一样。所以，人们称它是"沙岭晴鸣"，是敦煌的一大景观。

有的科学家提出，沙丘会"唱歌"与天然的"共鸣箱"有关，在响沙的背风坡脚下，一般分布有地下水，在地下会由于气候干燥，蒸发旺盛而形成一堵无形的蒸汽墙冷气流；而在背风坡向阳的山脊线上却形成一个热气层，两者共同组成了"共鸣箱"。沙丘被风吹动或被人畜搅动后产生各种不同的声音。

溶洞形成的奥秘

大自然的景观千奇百怪，例如，杭州的瑶琳仙境，宜兴的张公洞、善卷洞，桂林的七星岩、芦笛岩……这些溶洞都是旅游胜地。到过这些溶洞的人都不会忘记那千姿百态的石钟乳、石笋和石柱，不会忘记那宽敞高大的洞穴、曲折迂回的通道。人们不仅喜欢这些溶洞，更关心它们的形成原因。

溶蚀说

过去人们有一种看法，认为这些溶洞是地下水沉淀和溶蚀的结果。虽然溶洞都是十分坚硬的碳酸盐质岩石，但由于长期浸泡在地下水中，因此被溶解，特别是当水中含有二氧化碳时，其溶解速度更加迅速。这样，一年又一年，坚硬的岩层就会被溶蚀出一个个洞穴。当溶有石灰质的地下水再次滴入洞中时，由于压力、温度的变化，使水中的二氧化碳逸出，从而降低了水对石灰质的溶解力。这样，原来溶解在水中的部分石灰质会因为过于饱和而沉淀析出，长时间累积就会形成一根根形态各异的石钟乳、石柱和石笋。

生物建造理论

不久前溶蚀说受到了中国科学家的挑战。经过5年的考察，中国科学家发现，溶洞的形成和藻类生物有着十分密切的关系，并在此基础上提出了溶洞形成的"生物建造说"。该学说认为，虽然溶洞的洞穴空间的形成和水的溶蚀作用相关，但溶洞里那些千奇百怪的石钟乳、石笋和石柱的形成，应该主要是由藻类生物在漫长的地质岁月中逐渐"建造"起来的，然后经过石化作用，才形成今天的面貌。

生物建造说认为，藻类是地球上最早出现、到现在依然广泛分布的原始植物，它们与其他植物一样具有光合作用的能力和趋光生长的特性。因为它们在生长发育过程中会分泌钙质，可以收集、粘结细微的石灰质颗粒，而溶洞中的石钟乳

▲ 溶洞

几乎都是迎着光线向上弯曲生长的，这符合藻类的趋光生长的特性。石钟乳、石笋内部还有像树木年轮一样的同心圆结构，这可以理解为是藻类生物逐年生长并收集和粘结石灰质微粒的结果。另外，在有些溶洞的

岩石中还找到了近似古代藻类生物的层状化石结构，甚至还发现了多种多样的藻类生物。

究竟是什么原因造就了如此壮观的杰作，还有待进一步探索。

月牙泉为何不会干涸

月牙泉名为"泉"，实际上它是一个"袖珍湖"，但是这个湖的形状像一弯月牙，因此被命名为"月牙泉"。月牙泉不但美景如画，还盛产"三宝"：一是泉水中出产的铁脊鱼，这种鱼能治疑难杂症；二是泉底有一种可催生壮阳的草叫七星草；三是湖岸有如同彩虹一般美丽灿烂的五色沙砾。

据《元和郡县志》载：在鸣沙山旁有一泓泉水，名字叫沙井。这口泉从古到今，无论风沙多大，其他的湖泊泉眼有的会干涸，有的会被风沙填没，只有月牙泉永远不干涸。为什么会如此呢？这就需要了解月牙泉的成因。

传说汉朝时期，有个名为李广利的将军曾征伐大宛（古代一个国家名，在现在的中亚费尔干纳盆地），在退兵返回的路上，大军曾经在这个地方驻扎过。当时，因为在沙漠中行军，士兵们都十分口渴，军心动摇。在这种危急的情形下，李将军急中生智，"引力刺山，有泉涌出"。这就是月牙泉的由来。民间传说认为它是天赐的"神泉"，这才在沙漠中永不干涸。但这只是传说，不足为信。

科学家对月牙泉进行了深入的考察研究，发现古时的月牙泉并不是单独的一个小湖，而是党河的一部分。美丽的党河在空旷地方打了个湾，这就是月牙泉的前身。后来，党河河水不再从这里经过了，但这个美丽的河湾却留了下来，永远地站在了鸣沙山边，成为一个独立的小湖。那么为什么它可以在烈日的蒸烤、干旱的逼迫下一直保持清亮、永不干涸呢？原来，月牙泉在地形上与三危山大断层的走向是一致的，都是东北走向，这样，孕育了月牙泉的党河地下水就可以继续滋润月牙泉，月牙泉有大量地下水供应，自然不会干涸了。

月牙泉的周围环境也很奇特，它的南面

▲ 敦煌鸣沙山和月牙泉

有金字塔形的沙丘将风沙挡在了外面，这样，沙漠中的狂风只能吹动两面山坡和沙丘背部的沙粒，这些小变动是不会引起大面积沙丘转移的，月牙泉也不会受到风沙的威胁，因而，月牙泉不会被大量沙粒填满，也不会因沙丘转移而像罗布泊一样不断改变泉水的位置。正是这些诸多有利因素，使沙漠中的月牙泉永不干涸。

小雁塔离合之谜

小雁塔是西安著名的旅游胜地，建于唐景龙年间，塔形秀丽，是我国唐代精美的建筑艺术遗产。小雁塔在1200多年漫长的岁月里，经受了风雨的侵蚀和70余次地震的考验，历史上曾经历过几次离合。1487年，陕西发生了6级大地震，把小雁塔中间从上到下震裂了一条一尺多宽的缝。然而时隔34年，在1521年又一次大地震中，裂缝在一夜之间又合拢了。人们百思不得其解，便把小雁塔的合拢叫"神合"。1555年9月，一位名叫王鹤的小京官回乡途中夜宿小雁塔。听了目睹过这次"神合"的堪广和尚讲述这一段奇事后，惊异万分，把这段史料刻在小雁塔北门楣上。如今小雁塔底层北门楣还有刻石题字。有人推测小雁塔的离合是地壳运动的结果，地裂时塔也裂开，地

▲ 大雁塔

合时塔也合并。但是西安地区在小雁塔离合的6次地震中，并没有其他的建筑物和小雁塔一样有离合的现象。还有人推测与塔的构造有关。小雁塔塔基是用土筑成的一个半圆球体，受震后压力均匀分散，这样小雁塔就像一个"不倒翁"一样。但小雁塔的离合到底是怎么回事，专家们还没有找到确切的答案。

冰川形成的奥秘

在一些高山地区或是在两极地区，经常见到的那一层洁白无瑕的"外衣"，它们即是冰川。作为固体的冰在重力作用下，从高处向低处缓慢流动，冰川之名由此而来。冰川的流动速度极慢，每昼夜一般只能移动1米，个别流速快的冰川能流动20多米。冰川的流动速度随冰川厚度增加、坡度增大、气温升高而加快。冰川又是如何形成的呢？

冰雪的运动

冰川是冰雪贮存和运动的一种形式，但在不同地区，其形成略有差别。高山地区的冰川是由于那里地势高、空气稀薄、不保暖，冰雪不易融化而形成的。两极地区分布着的冰川则由于太阳辐射弱、热量少、气候终年寒冷，冰雪在一年四季堆积而形成。全世界冰川的总面积约有1600万平方千米，而90%以上分布在两极地区。冰川不是简单地由普通的水凝结而成的，构成冰川的冰又称冰川冰。由于雪花不停地降落，即使在阳光照射下稍有融解，但随即

▲ 冰川融化

又冻结起来，这种情况下结成的颗粒状雪粒使得冰川冰密度略小于普通的冰，其进一步结成冰层即构成冰川。

冰川的种类

▲ 北极冰川融化

冰川依据其形态、规模和所处的地形条件可分为下列三种类型：一、大陆冰川，亦称冰层，为规模广大的冰川，覆盖大陆或高原区，所有的高山、低谷以及平原全部受到覆盖。中央部位较高，冰自中央向周围任何方向移动，不经融化而直接入海，因其覆盖整个陆地再由陆地边缘直接入海，故称大陆冰川。二、山谷冰川，它发生于高山或雪线以上的雪原中，由冰川主流和它的分支流组成整个高山冰川系统。当冰层沿山谷向下移动，过雪线继续向下移，其流动情形与河流相似，故称为山谷冰川。三、山麓冰川，当山谷冰川从山地流出谷口抵达平坦地区，冰向平面展开，在山麓地带扩展或汇合成一片广阔的平原，称为山麓冰川。

冰川消退

全球气候的小幅度波动虽然并不为人明显发觉，但对于冰川来说则有显著的影响。气温的轻微上升都会使高山冰川的雪线上移，海洋冰川范围缩小。长期观察表

明，这一现象是存在的。根据海温和山地冰川的观测分析，估计由于近百年海温变暖造成海平面上升量约为2～6厘米。其中格陵兰冰盖融化已经使全球海平面上升了约2.5厘米。全球冰川体积平衡的变化，对地球液态水量变化起着决定性作用。

如果南极及其他地区冰盖全部融化，地球人类的立足之地将何去何从？

不同寻常的石头

响石与跳石

任何时候都不能用一成不变的眼光来看待事物，对于石头也是如此。因为石头不仅能跳，还能如乐器般的发出悦耳动听的声音。浙江省湖州有一个黄龙洞，这是一个不引人注目的小溶洞。但是，倒挂在这个小溶洞顶部的很多岩石却是不同寻常的，因为它们是闻名天下的"响石"，会发出美妙的音乐。如果用力敲击这些岩石，就如拨动琴弦，不同的打法会发出不同的音响。假如音乐家有节奏地敲打它们，还可以演奏一曲动听的"响石乐"。

▲ 奇怪的岩石

声音从哪里来

石头能当乐器使，这到底是怎么回事呢？由于黄龙洞是由石灰岩组成的。斗转星移，石灰岩被含有二氧化碳的流水所溶解，渐渐形成了溶洞。而溶洞靠近古太湖，古太湖的湖水升降十分频繁，石灰岩逐渐被冲刷溶解。久而久之，石灰岩成为中空状，而且形式各种各样。它们还有一个共同的特点就是比较扁而薄，因此只要受到了震动，就能发出各种清脆的音响，萦绕在耳边。

▲ 会发声的岩石

有趣的跳跳石

石头也能蹦蹦跳跳？或许小朋友们

会持怀疑态度。因为在我们的印象中，石头是实心的，而且不具有运动的本能。它能动的前提条件是人来施加外力。有一次，科学家们把刚从海底采集来的石块放在甲板上，疲惫的他们想靠在石块旁歇一会儿。忽然，有的石块上下蹦跳起来，有的还发出了响声，而且裂了开来。这真是一件怪事！

▲ 跳石

蹦跳的奥秘

科学家们十分惊奇，开始采样并对它们进行研究。研究结果显示，并不是所有从深海海底采集的石头都会蹦跳，只有来自于死火山或者活火山所形成的海底山脉的石头才会蹦跳。二氧化碳在岩石中的含量比凝固的玄武岩熔岩中的含量要高出约20倍，而在深海高压的条件下，火山熔岩里面的气泡就呈现比较稳定的状态。当它们离开海底的深水来到水面上的时候，一下子失去了原有的高压力，石块就仿佛挣脱了束缚，欢快地跳起来。

沸腾的石头

200多年前，欧洲一位地质学家在野外考察时，用水壶烧开水解渴。点燃篝火，他想趁此机会小憩（qì）一会儿，但没过多久，壶里的水就沸腾了。当他喝水时，发觉水还没开。奇怪的是当他重又把壶放在火上时，水立刻又沸腾起来。这到底是怎么回事？仔细察看后，他终于发现了一小块白色石头。正是这块石头在加热时放出大量气泡，造成沸腾的假象。

沸石的奥秘在科学仪器的检测下终于露出了其"庐山真面目"。它的晶体非常细小，只有在电子显微镜下才能看到。它是无数沸石晶体构成的集合体。晶体的形状也各不相同，每个晶体的内部有大小均匀的孔穴与孔道，可想而知，构成晶体的孔穴和孔道当然就更小了。孔穴被孔道连通，形成了非常整齐的孔穴孔道网。在孔穴和孔道中，常常有水和镁、钾、钙等物质，受热或遇上干燥环境，水汽就会冒出来。

▲ 美国佐治亚洲的发音岩石

"泰坦尼克号"沉没之谜

电影《泰坦尼克号》自上映以来，人们在感叹影片中宏伟的场面和感人的爱情故事的同时，也掀起了探讨"泰坦尼克号"沉没之谜的热潮。

1912年4月10日，在人们的欢呼声和乐队的礼乐声中，泰坦尼克号从英国南安普敦港出发开始了它的首次航行。

4月14日夜，泰坦尼克号正以每小时23海里的速度行驶着，观察

▲ "泰坦尼克号"沉船残骸

员突然发现有一座巨大的游离冰山正在船体的前方，他迅速提醒舵(duò)手躲闪，然而太晚了，只听一声巨响，船体开始大幅度摇晃，船舱内发出"乒里乒啷"的响声，各种器皿纷纷坠落。不久海水涌进船舱，船上乱作一团，走廊里、甲板上、楼梯口处，挤满了不知所措的乘客，他们有的跳海，有的抱着桅杆不放，有的争先恐后地往橡皮筏(fá)上跳。

西方国家媒体在灾难发生后，迅速以大量篇幅报道了沉船事件，各家媒体对于沉船的原因和场景的描述莫衷一是。其中有一种"木乃伊的诅咒"的说法充满了传奇色彩，引起人们极大的兴趣。

大约在1900年前后，考古学家在埃及古墓中发掘出一具刻有咒语的石棺，其文如下："凡是碰到这具石棺的人，都会遭难。"可科学家们并没有理会这些，他们打开了石棺，展现在他们面前的是一具木乃伊。

他们把石棺运回英国并在大英博物馆中展出。不久，一名曾参加考古的成员莫名其妙地死去，随后其他参加考古的成员也非常奇怪地接二连三地死去。一时间，关于木乃伊显灵的传说此起彼伏。大英博物馆也被迫把展览取消了。10年后，一位富有的美国人用高价收购到石棺和木乃伊，当时正值泰坦尼克号首航，于是他便

▲ "泰坦尼克号"客轮

将他的"宝贝"运上了泰坦尼克号。可惜谁都没有注意到,在石棺上刻着的最后一句咒语是"将被海水吞没",连上前面的咒语就是"凡是碰到这具石棺的人,都会遭难,将被海水吞没"。

当然,这种说法缺乏一定的科学依据,许多科学家对此不以为然。

1985年8月,海洋地质学家找到泰坦尼克号的残骸。他们发现,泰坦尼克号沉没时船体已分裂成两大块,只剩下船头和船尾。1991年,在泰坦尼克号沉没的现场,海洋地质学家史蒂夫·布拉斯科和他的同伴们又将一块船壳钢板打捞上来。他们发现,这块钢板碎块的边缘非常不整齐。冶金学家肯·卡利斯通过对该钢板的检测,发现用来制造泰坦尼克号船壳的钢板具有易碎性。正如史蒂夫所说的"那时的造船技术超前了,但冶金技术没有跟上"。因此,人们有理由相信,船体的沉没是冶炼技术问题造成的。

由此人们似乎找到了泰坦尼克号沉没的原因,但人们依然在寻找更多的沉船因素。据说,在沉没的前一天,泰坦尼克号曾收到过几次有关航线途中发现浮动冰山的报告,但船长等人并未对此给予足够重视,致使在有大量浮冰和游离冰山的海面上泰坦尼克号仍然保持高速行驶,最终遭遇不幸。而更让人震惊的是,设计师为了表示自己设计得坚固,居然不按船载客人的基数配备救生设备,致使灾难发生后出现救生艇根本容不下那么多的乘客的局面,最终使1500多条无辜的生命葬身海底。

泰坦尼克号沉没的真正的原因仍是一个谜。不过,它的沉没作为世界航海史上的一个沉痛教训,将时刻给世人以警示。

空心山的奥秘

空心山,顾名思义是指那种山体的中心部位中空的山。它区别于那种被山洞穿透的空山,也不是指山腹中有巨大溶洞的山,这种山的特点是从山顶到山底有一竖直向下的大空洞。从山顶那黑黝黝(yǒu)的洞口向下望去,里边黑咕隆咚,深不见底,好像是从山顶向下打的一口巨大山井。

实际上,空心山原本是实心的,只是由于地层岩浆受到压力的作用,沿着地壳空隙或裂缝喷射而出形成的。也就是说,空心山原本是火山,山顶洞口就是火山喷发时的火山口,而

▲ 形状奇特的岩洞空心山

竖直向下的深洞，正是火山喷发出的通道——火山颈。一般情况下，火山停止喷发后，火山颈里会被喷出的岩浆填满，岩浆冷却后和周围岩石凝结为一体。只有地层深处压力过大，高压的气体最后把火山颈里的岩浆全部冲出火山口，才能把火山颈完好地保存下来，形成这样的空心山。

神秘的"千面女郎"——沙漠

在许多人心目中，"沙漠"这个名词很可能是一个单调、炽热、原始、干燥、黄沙飞扬的不毛之地。沙漠独特的生态环境隔绝了人烟，但是对一个了解沙漠的人而言，沙漠却是一个露天的陈列馆，也是一个善变的千面女郎。沙漠中的飞沙走石都是大自然生命的律动，虽然荒凉、单调，但是在蔚蓝的天空下，这种单纯的意境反而产生一种宁静、神秘与永恒的美感。

▲ 沙漠

有一位沙漠摄影家乔恩·贾德在拍摄沙漠景观时，曾经说过："在那种静寂、火炼般空虚的地形下，似乎所有的情感、所有的柔美、所有的人性都在几千年来的自然侵蚀下消失得无影无踪了。"

▲ 沙漠绿洲

沙漠绿洲消失之谜

在一望无际的沙漠中，偶尔你会发现有一片葱绿的树林草丛，犹如沙海里的绿洲，那么它们是怎么形成的呢？

沙漠绿洲大都出现在背靠高山的地方。每当夏季来临，高山上的冰雪消融，雪水汇成了河流，流入沙漠的低谷，就形成了地下水。地下水流到沙漠的低洼地带时就会涌出地面，形成湖泊。由于地下水滋润了沙漠，植物草丛开始慢慢繁衍，就形成了沙漠中的绿洲。据考察，世界上最大的撒哈拉沙漠就曾是一片绿洲。考古学家发现，很早以前的撒哈拉是一片生机盎(àng)然的土地。沙里有许多洞穴，穴壁上，绘有成群的长颈鹿、羚羊、水牛和大象，还有人类在河流里荡舟、猎人捕杀狮子的场面。那么，经过亿万年的历史变迁，是什么原因使当年绿洲变成了"千山鸟飞绝，万径人踪灭"的沙漠呢？

地学界对这个问题有人为成因和自然成因两种对立观点。前者认为，远古时代撒哈拉诸部落为了扩大自己的政治和经济实力，无节制地砍木伐林，放养超过草原承载能力的牲畜，若干世纪下来，森林锐减，草原干枯，土地沙化，最后演变成为大沙漠。后者认为，是地质历史大周期的转折改变了撒哈拉的古环境气候，年平均降水量由300毫米左右突然降至仅仅50毫米，先是局部地区的沙化，然后节奏逐渐加快，沙漠不断蚕食周边的绿洲，最终将非洲的三分之一土地都吞没了。

空间遥感图片显示，在撒哈拉漫漫黄沙下几百米甚至几千米处，藏有30万立方千米地下水，这些水从何而来？绿洲又是怎样消失的？都有待进一步证实。

"死亡之洞"

峨眉山是我国佛教四大名山之一，远在秦汉时期，就有方士在山上隐居。东汉末年，就有道家人士在山上修建宫殿。从南北朝开始，山上开始兴建佛教寺院。明清两代，这里的佛教活动达到鼎盛，山上所建庙宇有151座之多。

峨眉山香烟缭绕，人来人往。在舍身崖区域，有4个崖台，每个崖台斧劈刀削，绝壁难攀。在海拔1000多米的第一个崖台上，有个曾使72人瞬间惨死的洞穴——三霄洞。这一惨案的发生令人不寒而栗，心有余悸。从那时开始，游人一般就不到三霄洞游玩了。

惨案发生时，三霄洞还是个热闹之地。洞外庙宇雄壮，环境清幽。1927年秋季的一天，富顺籍的演空和尚出任三霄洞住持，一帮善男信女捐款铸造了一口大铜钟，千里迢迢送到这里。众人来到洞内，已是下午3点，为朝贺三霄娘娘，大家唱起了《三霄计摆黄河阵》。演空和尚忙制止说："佛地要静，吵闹了三霄娘娘是要降罪的。"大家情绪高涨，哪里肯听。这时，有人在洞内点燃了蜡烛，大家边唱边跳，人声鼎沸，鼓声不断。一时间，这个高3米、宽5米、长约700米的洞内灯火辉煌、烟雾缭绕。突然间，只听一声巨响，霎时漆黑一片，一股水桶粗的黄色火

▲ 三霄洞位于峨眉山舍身崖

▲ 远眺峨眉

焰，像火龙似的从洞底喷出，使72人当场窒息身亡。这一消息传到峨眉、富顺两县后，两县县长吓得面如土色，火速到三霄洞调查原因，但也没有结论，只好下令封闭三霄洞，将遇难的72人埋在三霄洞外，并拆毁了洞外的三霄娘娘庙，禁止游人到此游玩。

几十年过去了，三霄洞路断人稀，成为令人生畏之处。此处现在杂草丛生，枯藤遍野，只有"三霄洞"三个大字还依稀可辨。从洞口往里走约300米处，还有两具骨架。洞口两边各有一尊菩萨，高约4米，已面目模糊。那口铜钟已被人从洞口推到崖下约10米处。"三霄洞惨案"的发生，曾引起很多专家和学者的关注。四川有一个大学教授曾专程到峨眉山三霄洞实地探查案件始末，并察看了各个深洞。教授认为，火灾是鼓声、喧闹声，震动了洞内的瘴气所致。最近有不少学者对此观点提出了疑问，因为瘴气本身是不会爆炸的。总之，究竟是什么原因造成了这场惨案，至今还是个谜。

神秘的武夷山船棺

在福建崇安的武夷山风景区，有一条九曲溪穿越于36峰之间，沿溪两旁山峰中间的洞穴之内，零散放置着几十具形状似船的棺木，令人备感神秘。这些棺木是何时放置上去的，一直无人知晓，只是到了现代，借助于现代科技，才从山峰中取下其中的两只棺木，经测定，它们的历史都在3500年以上。这不禁使人十分迷惑，所有放置船棺的洞穴，上至峰顶，下至崖谷，都有数十米到一二百米，而且到处都是异常陡峭的石壁，无路可通，古人是用什么方式将船棺放进岩洞之中的呢？

有人根据传说推测，船棺是武夷山古越族的葬仪习俗，只有部落主才配享

▲ 武夷山船棺

斩蛇碑之谜

河南省永城县的芒砀山上，有一块"斩蛇碑"，相传当年汉高祖刘邦在此斩过一条大蛇。夜间，当人们用汽车灯照射斩蛇碑时，它的一面便显示出一位古代武士的形象；他手持宝剑，威风凛凛，即人们所传说的当年汉高祖刘邦斩蛇一事。白天，却看不出碑上有任何隐形人像的痕迹，只有字迹。此碑的奇特现象，被称为"华夏一绝"。对于这一景观形成之谜，有的学者说是因为光学原理，即石匠在刻碑时，留下点点深浅不同的印痕，经光线直射，形成明暗反差，构成人像。但到底真相如何，还需科学探索。

有使用能保持几千年不烂的楠木船棺，且陪葬品多，不易为外人所知。所以他们选择了风雨之夜，兼用人力、畜力，顺着事先铺设的栈道，把船棺运入岩洞。为防止棺木被盗，故在安置悬棺之后，又将栈道拆除了。但问题是，存放悬棺的悬崖都是单独成峰的，既没有缓坡之处可以架设栈道，而且岩石坚硬，也难于架设长栈道。

还有人根据盗棺者的办法，认为船棺是由上而下吊装进洞的。考察已取出的一具棺木，棺盖头部有一道明显的绳勒痕迹，宽约3厘米，似能印证，但仔细推敲，山顶到洞谷有一二百米，即使百人在山顶用力一起拉辘轳之类的简单机械来吊升岩底的船棺，吊到洞口内也不能放进穴内，因为洞穴都是朝内倾斜的，垂直升吊无法解决进洞问题。说来有趣，1973年曾有两个盗墓人，企图盗取棺中的财宝，他们用一种奇特的方法冒险进洞，获得成功，启发了福建考古工作队，利用绞盘机牵引小操作台，载人调运到莲花峰白云洞口作业，顺利地取出了悬棺。因此有人提出，是否古人也是采取了类似的做法，用原始的手段将人先行放入洞中，待棺木吊坠而下的时候，候在洞中的人再将悬棺推入穴内。

沙漠中也会发水灾吗

提到甘肃省境内的敦煌，人们无不想到最著名的石窟莫高窟，然而敦煌在1979年曾出现了一个世所罕见的奇景：沙漠中发水灾。众所周知，甘肃位于我国的西北部，全省的气候特征是干旱缺雨，温差较大。而位于该省境内的敦煌盆地，更是水比油贵，这里的太阳辐射年总量甚至比我国最南部的海南岛还要高出许多，这里的最高气温达44.1度，从全国来看，可称得上仅次于吐鲁番的第二大火炉。可是，在这干得冒烟的地方，哪里有那么多的水呢？燥热的敦煌，年降水量平均仅32毫米，年蒸发量竟达2500多毫米，蒸发

量远远大于降水量，难怪有时电闪雷鸣，却没有滴雨滋润地面，因雨水还在半空中就被蒸发掉了。由于历来少雨，当地人与环境相适应，他们的住房从墙壁到屋顶，全为泥土结构，从不担心被雨水冲坏。已有2000多年历史的汉代长城、烽火台等，也都是泥土构成的，至今依然挺立未损，这都是敦煌干旱少雨的旁证。

在敦煌干旱的大沙漠里有一条党河，它源于祁连山的融雪，整个敦煌地区绿洲上的生命全仰仗着它的哺育，但它却实在弱小得可怜，几乎常年都是干涸的。难以想象的是，1979年7月，就是这条小小的党河，突然泛滥成灾，使干旱的沙漠瞬息之间成了一片汪洋，仅县城一带就毁房4815间，受灾人数7279人，公路交通中断，经济损失约3525万元。沙漠地区发生水灾，的确是千古奇闻，在中外历史上，可谓绝无仅有，对于所有对敦煌感兴趣的人来说，这是一个值得深思的谜。

气象学家告诉了我们答案：1979年这一年，敦煌一带气候炎热，祁连山上的积雪大量融化，雪水奔流而下，至当年7月，党河上游的水库已经涨满。说来也巧，这一年，印度洋西南季风也很反常。一般情况下，季风越过青藏高原之后，便奔东南方向而行，谁知这次它却兵分两路，一路按常规方向奔了东南，另一支直奔北方的祁连山。温湿的季风带了充足的降水，敦煌一带年降雨量达到了105.5毫米，是往年的三四倍，致使党河水库水位急剧上升，很快便越过了警戒线。这时，按规定或常识，都应立即开闸放水，以免决堤。可是，自从水库建成之后，还从未有过把水放入沙漠中浪费掉的先例，在人们的头脑中，水就是生命。就这样，由于缺水而导致的一种世代因袭的传统观念，使科学的规章制度无可奈何，水没有放掉。但大雨如注，水库水位继续猛涨。7月26日，灾祸临头了，水库终于决了坝，无情的大水不再是人们的救星，却像凶神恶煞一样，吞噬了下游的大片土地，大批民房于瞬间崩塌，敦煌县城也陷于一片洪水之中。

隐匿千年的尼斯湖怪

在世界各地流传的各种水怪传说中，尼斯湖水怪可谓最负盛名的了。从中世纪开始就有许多关于它的记载。1000多年后，它更是吸引了众多科学家的目光，因为从目击报告看来，它与恐龙时代的蛇颈龙实在是太相像了。人们给它起了个名字叫"尼西"。见过"尼

▲ 根据人们的传闻，电脑合成的湖怪——尼西。

西"的人们对它的描述都差不多，有灰色的巨大脊背，好像大象，但又有一条灵活的长脖子和类似蛇头的脑袋。1934年，一名医生拍下了著名的"尼西"的照片，登在报纸上轰动了全世界。这张照片在很长时间内被认为是"尼西"存在的铁证。另一个重要证据是退伍的英国飞行员汀斯戴尔于1960年拍下的录像中的水怪长约5米，背上明显有驼峰状的突起。1972年，美国科考队用水下照相机拍到了怪兽的鳍（qí）。照片上的鳍呈菱形，据估计长约两米。刚开始队员们以为那不过是条大鱼，可水下雷达显示它至少有10多米。1975年，水下照相机拍到了一张模糊的照片，经仔细辨认，依稀可看出是一个头上有角的兽头。同时，水下雷达显示水中有身长15米的物体在下潜。假如真是蛇颈龙的话，那么几千万年来它们总会留下尸体或足迹。尼斯湖面积并不大，周围又有水闸拦阻。它与大海相连的水道其实十分狭窄，

▲ 电影《尼斯湖水怪》剧照

根本不能让"尼西"那样的庞然大物通过。有些人认为，所谓的"尼西"只不过是腐烂的松木而已。那些木头竖直浮在水面上，远远看去确实很像长脖子。但更多的人相信"尼西"确实存在，即使它不是蛇颈龙，也可能是其他未知的巨大生物。

瀑布是如何形成的

世界各地的瀑布成因不尽相同。

地壳错动：地壳发生断裂错动，而断裂的岩层两侧又会产生相对升降，这样造成了很陡的岩壁。河流经过这陡崖时，自然就会飞泻而下，从而形成瀑布。

火山爆发：火山喷发以后，在火山顶端留下了一个火山口。假如积水成湖，湖水就会溢出，也有可能在火山口以外的地方形成瀑布。例如白头山的瀑布就是这样形成的。

河川腐蚀：在古代冰川分布的一些地区，因为古冰川腐蚀深度的差异，从而留下了深浅不一的冰川矿形谷。后来，谷地又被河流所占据，于是水流在深浅差异相当大的谷地交接处流过，就形成了瀑布。

▲ 黄果树瀑布

河床腐蚀：因为构成河床的岩石的性质往往不同，软硬兼有，所以它们抵抗水流冲刷和侵蚀的能力也不相同，硬性岩石抵抗力强些，不容易被冲蚀，而软性岩石抵抗力差些，很容易被冲蚀。所以，造成河底地形高低不同，并且在河道上形成陡崖。这些也是形成瀑布的一个重要原因。

海浪拍岸：在河流注入海洋处的一些海岸边，因为猛烈的海浪经常拍击海岸，从而迫使海岸"后退"，河流也就"缩短"了。假如海岸被破坏的速度相当快的话，那么原来高出海面的河底也会"倒置"在海岸上，河流在入海处就会形成瀑布。还有，在石灰岩地区常常会有地下暗河，在暗河流过的地方，假如地势高低陡然变化，或者是暗河从陡峻的山崖涌出，这样形成的瀑布就更为壮观了。

"魔洞"为什么"好色"

1976年1月13日，刚刚新婚的比尔先生偕同漂亮的新娘玛利亚，在埃及阿列基沙特亚城的街道上散步。当他俩慢慢地在坦尼亚大道上走着时，突然，玛利亚被吸进了路旁一个小洞，一下子踪影全无。惊恐万分的比尔马上报警。警察迅速赶到现场。只见那个小洞仅有半尺深。经查是水务局掘地修理地下管道后留下的一个小洞。警察马上召来水务局的工人，用铲土机把路面掘开。那个小洞很小，连人的小腿都遮不住。掘开整个路面，还向下掘了4～5米深，却仍然一点线索也没发现。

在阿列基沙特亚城，类似这样的事情并非第一次，玛利亚已经是第六个如此失踪的新娘。并且所有失踪者都是十分漂亮的刚结婚的新娘。

1973年3月的一个晚上，新郎沙德伴着新娘梅丽柏走在波亚大道上。突然道路上出现一个小洞，新娘跌进洞中，随即便不见了踪影。同年10月，有一对新婚

▲ 埃及风光

的美国夫妇到这座城市游览。新娘卡文泰和丈夫步行在坦尼亚大道上浏览市容，在众目睽睽(kuí)之下，又被一个突然出现在道上的小洞吸走。马上围拢来的人们，同样也找不到新娘卡文泰。

1974年5月，希腊籍新娘哥特尼夫人，突然在波亚大道上失踪。

1975年，又有两个美丽漂亮的新娘，被"好色"的"魔洞"吞没。

难道"魔洞"真的是好色？更奇怪的是为什么它总是准确地吸走漂亮的新娘呢？至今没人能揭开这个谜底。

巴格达电池

1936年6月的一天，一群筑路工人正在伊拉克首都巴格达城外修筑铁路，忽然发现了一块巨大的石板，上面刻有许多古代的波斯文字。工人们感到非常惊奇。他们继续深挖，结果发现是一个巨大的石板砌成的古代坟墓。古墓惊动了伊拉克博物馆的考古工作人员。他们立即赶到现场进行发掘。

经过两个多月的艰苦工作，考古学家们找到了许多文物。尤其是打开石棺以后，发现了大量从公元前248年到公元前226年波斯王朝时代的器物。在这些古物中，发现了一些奇特的陶制器皿、锈蚀的铜管和铁棒。

当时担任伊拉克博物馆馆长的德国考古学家威廉·卡维尼格这样描述："陶制器皿类似花瓶，高15厘米，白色中夹杂一点淡黄色，边沿已经破碎。上端为口状，瓶里装满了沥青。沥青之中有一个铜管，直径2.6厘米，高9厘米，铜管顶端有一层沥青绝缘体。在铜管中又有一层沥青，并有一根锈迹斑斑的铁棒。铁棒高出沥

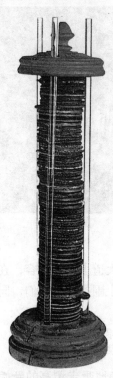

▲ 最早的干电池——
勒克朗谢电池

青绝缘体1厘米，由一层灰色偏黄的物质覆盖着，看上去好像是一层铅。铁棒的下端长出铜管的底座3厘米，使铁棒与铜管隔开。看上去好像是一组化学仪器。"经过鉴定，卡维尼格宣布了一个惊人的消息："在巴格达出土的陶制器皿，是一个古代化学电池。只要加上酸溶液或碱溶液，就可以发出电来。"

卡维尼格的论断震惊了考古学界。如果承认这是一个古代电池，那就意味着，早在公元前3世纪居住在这一地区的波斯人就已经开始使用电池了。这比公元1800年由世界著名物理学家伏特发明的第一个电池早了2000多年。于是，许多考古学家纷纷从世界各地赶来，希望对这个古代电池进行仔细研究。但就在这时，卡维尼格和古代电池都不见了。人们四处寻觅，毫无结果。

原来卡维尼格带着巴格达电池悄悄地回到了德国。他用带来的陶制器皿、铁棒、沥青绝缘体和铜管组合成了10个电池。几个月后，卡维尼格在柏林公布了更为惊人的消息。他说："古代人很可能是把这些电池串联起来，用以加强电力，制造这种电池的目的在于用电解法给塑像和饰物镀金。"

有人指责卡维尼格是骗子、神经病。考古学界的争论更是激烈。时至今日，此事仍是个谜案。

海洋形成之谜

海洋最初的形成是地球科学探索的一个重要问题。地球刚诞生时，表面既没有柔水细浪的河流，更没有烟波浩渺的海洋。和宇宙万物一样，海洋也有一个形成、发展和消亡的过程。

关于洋盆的形成，最初的假说是"冷缩说"，持这种观点的学者认为：地球是从炽热的太阳中分离出来的熔融状态的岩浆火球。由于热胀冷缩，表面冷得太快而内部冷却慢，于是外部与内部形成愈来愈大的空隙。在旋转过程中，空隙上方的岩体由于重力作用下沉，形成了深陷宽广的凹地，这就是最初的海洋。

还有一种"分离说"认为，地球处于熔融状态时，由于太阳的引力和地球自转作用，一部分岩浆不翼而飞，形成月球，而地球上留下的窟窿便是太平洋洋盆。月球刚从地球分离出去时，地球发生强烈的震动，表面出现巨大的裂隙，这就是大西洋和印度洋最初的形成。这两个假说对以后的研究和发现都不能作出正确的解释，因此不能成立。

▲ 湛蓝的海水，来源于地球早期的火山和地震。

1912年，德国气象学家魏格曼提出了著名的"大陆漂移学说"：设想地球上原来只有一块全整的大陆——泛大陆，被一片汪洋"泛大洋"所包围。后来由于天体的引力和地球的自转离心力所致。泛大陆出现裂缝，开始分裂和漂移，结果美洲便脱离非洲和欧洲，中间形成大西洋。非洲有一半脱离亚洲，南端与印巴次大陆分开，由此诞生了印度洋。还有两块较小陆地离开亚洲和非洲大陆，向南漂移，形成了大洋洲和南极洲。这个有趣的假说虽然轰动一时，但由于当时科学水平的限制，仍然没能得到推广。

直到20世纪60年代初，建立在当时的地球物理科学基础上的"海底扩张说"应运而生，它科学地解释了大洋地壳的形成问题，在此基础上发展起来的"板块构造学说"进一步用地球板块的产生、消亡和相互作用来解释地球的构造运动。这两个学说给"大陆漂移学说"注入了更科学的新鲜血液，以"板块理论"的形成出现，更好地解释了海洋的形成和发展的问题。

板块理论认为，大洋的诞生始于大陆地壳的破裂。地壳由于内部物质上涌产生隆起，在张力作用下向两边拉伸，从而导致局部破裂，形成一系列的裂谷与湖泊，现代东非大裂谷便是一个典型的例子。后来大陆地壳终于被拉断，岩浆沿裂隙上涌，凝结而成大陆地壳，一个新的大洋从此诞生。

解决了洋盆，剩下就是海水的问题了。广阔无垠的海洋储存了地球表

▲ 从印度洋上空看地球

面总水量的97%，这么多的海水从哪里来的，这在以前一直是个谜。近几十年来，随着科学家对地球和海洋起源的了解日益深刻，大多数人认为海水是在漫长的地质年代里积累起来的。科学家认为：原始地球物质构成岩石初期，含有大量的水分和气体。由于地球的重力作用，岩石间越来越挤紧，硬是将岩石中的水汽赶出来，它们不断汇集在地下，终于使得地球产生地震，引起原始火山喷发。这时在地下受到挤压的大量水汽，终于摆脱岩石的桎梏(zhì gù)，随着火山、地震从地壳中呼啸而出。火山喷发的水蒸气，是地球上水的重要来源；当熔岩冷却结晶时也能释放出大量的水，归根结底，水与大气都是从地球内部来的。这些水在地壳的低洼处汇合后聚集起来，由于漫长的地质的积累，于是，地球上便出现了原始的海洋。

海洋发光之谜

漆黑的夜晚，在茫茫的大海上，常常可以看到一道道光闪来闪去。这光，远看像灯火，近看又什么都不是，这种海水发光现象被人们称为"海火"，海火常常出现在地震或海啸前后。1976年7月28日唐山大地震的前一天晚上，秦皇岛、北戴河一带的海面上也有这种发光现象。

海火是怎样产生的呢？一般认为是水里会发光的生物受到扰动而发光所致。如拉丁美洲大巴哈巴岛的"火湖"由于繁殖着大量会发光的甲藻，每当夜晚，便会看到随着船桨的摆动，激起万点"火光"。现在已知会

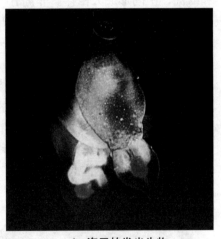

▲ 海里的发光生物

发光的生物种类还有许多细菌和放射性虫、水螅(xī)、水母、鞭毛虫以及一些甲壳类、多毛类等小动物。因此，人们推测，当海水受到地震或海啸的剧烈震荡时，便会刺激这些生物，使其发出异常的光亮。

然而，另一些研究者对此持有异议。他们提出，在狂风大浪的夜晚，海水也同样受到激烈的扰动，为什么却没有刺激这些发光生物，使之产生海火呢？他们认为海火是一种与地面上的地光相类似的发光现象。美国学者对圆柱形的花岗岩、玄武岩、煤、大理石等多种岩石试样进行破裂试验，结果发现，当压力足够大时，这些试样便会爆炸性地碎裂，并在几毫秒内释放出一股电子流，激发周围的气体分子发出微弱的光亮。在实验中，他们还注意到，如果把样品放在水中，则碎裂

时产生的电子流，也能使水面发出亮光。

▲ 海里的发光生物

不过，在海啸发生时，不像地震那样会发生大量的岩石爆裂（当然地震海啸除外）。那么，海火又是怎样产生的呢？一些人认为，海火作为一种复杂的自然现象，很可能有着多种的成因机制，生物发光和岩石爆裂发光只是其中的两种可能机制，由不同机制产生的海火，有着什么不同的特征，目前尚是一个未解之谜。

美丽的"海底玫瑰园"

几千米底下的深海，是一个少有人探寻的神秘世界，这里色彩斑斓，生机盎然。

▲ 海底"烟囱"

20世纪80年代，一些科学工作者在格拉普高斯海岭及东太平洋海隆进行考察。他们乘坐深潜水器潜到海底，当打开探照灯时，通过潜望镜及海底电视，他们看到一幅神奇的画面：在一片生机盎然的绿洲上，生长着海葵一类的植物，还有各种动物，长达5米的鲜红色蠕虫、西瓜一般大的海蚌(bàng)、菜盆似的蜘蛛、手掌大小的沙蚕等，它们自由自在地游弋(yì)着，还不时地以惊诧的目光瞅瞅它们从未见过的人类。科学家称这个美丽奇妙的世界为"海底玫瑰园"。

在离"海底玫瑰园"稍远的地方，科学家们还发现一个个"烟囱"正在"咕嘟"、"咕嘟"地冒烟，这些"烟囱"极为粗大，直径为2~6米，就像滚锅一样，热水上下不停地

▲ 海底"玫瑰园"

翻腾，喷射出五颜六色的乳状液体。在烟囱的周围凝结着一堆堆冷却了的火山熔岩，形状如同一束束巨大的花束，姿态万千。

那么，海底"烟囱"是这一海域所独有的吗？

1977年，英国地质学家就在太平洋的格拉普高斯海岭观察到了正在喷溢的海底"烟囱"。他们找到了许多新的含矿热泉水及气体的喷溢区，他们认为这些水下的温泉是海底火山喷发的喷孔，随着热泉水的喷发，丰富的铁、铅、锰、锌、铜、金、银等金属物质在"烟囱"周围沉积下来，形成矿泥。也有人认为由于板块的碰撞，造成海底地层出现坼(chè)裂和扩张，地球内部喷涌而出的熔岩冷却固着成新的海底地壳。海水在地心引力作用下倾泻深入地裂中，同时形成海底环流将熔岩中大量的热能和矿物质携带和释放出来。当炽热的海水再度喷射到裂缝上冰冷的海水中，其中的矿物质便被溶解并形成一缕缕烟雾。矿物质遇冷收缩最终沉积成烟囱状堆积物，地裂中热液顺烟道喷涌而出就形成景致奇异、妙趣横生的海底热泉。

但加利福尼亚州海洋地质学家德布拉·斯特克斯则认为，海底烟囱的构筑绝不仅仅是地质构造活动的结果，在热泉口周围生息着种类繁多的蠕虫，它们在营造烟囱中起着至关重要的作用。他从烟囱内采集来岩心，发现上面布满了含有重晶石的凹陷管状深孔，从管洞外形来看极有可能是管足蠕虫长期挖掘的产物。管足蠕虫内脏中的细菌可从热液获取营养来维持自己的生命，细菌还可把海水中的氢、氧和碳有机地转化生成碳水化合物，为蠕虫提供生存所需的食物。这种化学反应的结果遗留下硫元素，蠕虫排泄的硫又促使海水中的钡和硫酸发生催化反应。长久以来，蠕虫死后便在熔岩中遗留下管状重晶石穴坑。蠕虫开凿的洞穴息息相通，从而使热液将矿物质源源不断地输送上来并堆集烟道。当烟囱在热泉周围形成后，熔岩上深邃的管状洞口穴就成为矿物热液外流的通道从而形成海底黑烟热泉奇观。

现在科学家仍在进一步研究管足蠕虫在海底烟囱形成中所起的作用。

美人鱼传奇

传说中的美人鱼歌喉十分美妙，容貌十分俊俏。而且美人鱼头上长有长发，秀丽动人。有些水手甚至会被歌声迷住而葬身大海。美人鱼究竟是什么样的动物，海洋生物学家进行了长期的探索。

要解开美人鱼之谜的关键是找到它们存在的确切证据，如尸体、骨骼等。

有些科学家认为远古时期人类可能是在海洋中度过，后来他们分成两支，一支上岸形成今天的人类，一支则继续留在海中。所以，美人鱼可能是一种至今生活在海中却不为人知的生物，据说，在南斯拉夫海岸，曾经发现了完整的美人鱼化石，这便是美人鱼在世界上的有力证据。根据化石，美人鱼高约1米，腰部以上极像人类，头部比较发达，眼睛没有眼睑（jiǎn），牙齿比较尖

▲ 画家笔下的美人鱼

利，完全可以置猎物于死地，应该是一种比较凶猛的食肉鱼类。

而加拿大的莱恩和施罗德两位博士经过多年研究，提出美人鱼只不过是一种大气光学现象，世界上其实根本就不存在美人鱼，所谓美人鱼，只不过是诸如海象、逆乾鲸等海洋生物的光学畸变像。

美人鱼究竟是否存在，是什么样的生物，人们至今还没有公断。

1968年，一个美国摄影师自称在海底看到一个类似猴子的动物，却没能拍下照片。1999年，一个科威特渔民捞到一具奇特的骨架，它的头骨、脊椎都与人类相似，而尾部却类似鱼鳍（qí）。专家们经过检验也得不出任何结论。更离奇的是前不久在俄罗斯黑海沿岸的一座古墓里发现了一具3000年前的木乃伊。它的上半部有类似人的圆形头颅和条状肋骨，下半部则是一条布满鳞片的鱼尾，这一发现是真是假呢？我们期待科学家的进一步研究。

海底喷泉与海底"洞穴"

泉水是地下水涌出地面而形成的。奇怪的是，在一些海边甚至在海底也有泉眼，泉水从哪里喷涌出来，形成喷泉。与此相反，海水还会往里吸，形成深不见底的洞穴。

在古巴南部沿海的暗礁和石岛间的海面上，也常常出现这种泉水。这种翻滚上涌的水常带甜味。经水文和地质队考察，发现古巴岛上的河流有时会突然由地面河

流变成一直流到沿海地层下的地下暗流，然后又从海底冒出，成为海底喷泉。

海水是咸的，但在美国佛罗里达半岛以东不远的大西洋上却有一小片直径约为30米的海水是淡水，令人惊讶的是，这小片海水的颜色、温度和波浪与周围的海水完全不同。当地人早就发现了这种现象，过往船只也常常到这里来补充淡水。原来，这里的

▲ 海面上形成的旋涡

海底是一个深约40米的小盆地，中间有个日夜不停地喷出一股股强大淡水的喷泉，泉水在水压的作用下，从泉眼斜着升到海面。这个海底喷泉是地下自流水的一部分，其喷水量远大于陆地上最大喷泉的喷水量，每秒喷出的泉水可达4立方米。泉水汹涌上升，水流同周围的海水隔绝开来，因而形成了这个淡水区域。

另外，爱尔兰岛的海边有个举世罕见的喷泉，这里有块名叫"麦克斯威尼大炮"的岩石，岩石顶上有个直径为25厘米的孔眼与海底相通。每当海潮上涨，海水就会被压进岩穴然后喷射出一股高约30多米的水流，同时发出隆隆的吼声，宛如大炮在发射，"麦克斯威尼大炮"之名由此而来。

在爱奥尼亚海和亚得里亚海，还有一种"海磨坊"，是一种同喷泉完全相反的情景。海面上的海水因海底的强大吸力而形成强大的旋涡，仿佛有个无底洞穴在猛烈地抽吸着似的朝着海底涌去。在希腊阿哥斯托利昂城附近海面上，就有两个每秒钟约有6.7立方米的水被吸向海底的"海磨坊"。

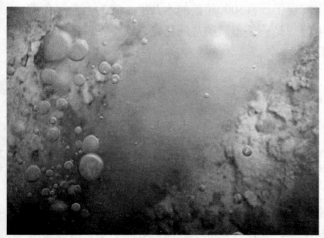

▲ 海底喷泉

旋涡和喷泉虽然一个是往里吸，一个是向外喷，但是科学家发现，海旋涡的形成也与海底喷泉有关系。在石灰岩的海岸区存在着许多被水流侵蚀成的洞穴，从高处流到海底的地下暗流往往比海面高得多，在这种巨大压力的作用下，地下水冲破海水的阻碍，从海面喷出来。在地下暗流的作用

下，能产生强大的水压力，附近岩洞里的水会被这种压力吸出来，在这种情况下，如果这些岩洞跟海水相连，就会将附近的海水吸进去，从而形成海旋涡。但具体的成因，还有待进一步考察。

百慕大海域

　　大西洋中的百慕大海区是一片著名的"陷阱（jǐng）水域"。多年以来，许多经过此地的飞机、船只，往往有去无回，生死不明，使这片开阔的每边长2000千米的三角形海域，蒙上了难以揭开的神秘面纱，至今仍有许多科学家在这里冒着风险探究奥秘。

　　据记载，在这片"陷阱水域"，自20世纪以来已有上百架飞机和两百余艘船舰失事或失踪，下落不明的失踪者已达数千人。

　　几十年间反反复复的调查表明，不少船只、飞机都是无端地消失在这个"魔三角"海区的，且未留下任何可寻痕迹。如美国油轮"凯恩号"，船上配备有先进的自动导航和通信设备，1963年2月3日，它在平静的百慕大海面航行时，突然中断了与陆地的无线电联系，连呼救信号也未来得及发出就失去了踪影。此外，两艘核潜艇也在百慕大海域消失得无影无踪。

　　1983年，有个女婴出生在沿百慕大海区一条由巴哈马群岛驶往迈阿密的邮轮上。十几个月后，女婴竟出现怪异容貌，而且显示出用目光移动物件的超常能力。数年来，她一直在接受德国心理学家比尔博士的研究。

　　1986年9月，美国佛罗里达州的一位45岁渔民，在百慕大海域因遇到风暴而漂流了两星期后获救，返回以后不到一个星期他的外表发生巨大变化：皱纹消失，黑发复生，就像20多岁的年轻人一样。后来他被送进医院检查以期找出原因。

　　1988年，一对瑞典夫妇乘坐游艇在百慕大"魔三角"历险。在大巴哈马岛附近，游艇发动机突然熄火；紧接着游艇慢慢地被吸入海区中心水域，被一片浓雾笼罩。在雾中，夫妇俩闻到一股异香，听见空中爆裂声，船上的雷达及其他仪表完全失灵，指南针胡乱地转来转去。但是，几分钟后游艇居然飘出浓雾，到达百慕大三角海域之外。很怪，发动机、雷达等

▲ 百慕大的位置

105

▲ 神秘的百慕大三角区

一切设备统统恢复了正常工作。有趣的是，夫妇俩的智商在这次神秘的百慕大经历之后都明显上升。丈夫基尔维斯丁法文基础颇差，可他居然可以看懂法文杂志了，后来又很快熟练地掌握了好几门外语，成为公认的外语学习上的"奇才"。妻子娃洛莎以前连支票余数都辨不清，现在竟可以做相当复杂的数学题。连她本人也为自己成为"数学通"而深感意外。负责对这对夫妇进行测试的科学家在力争找出这一奇事的谜底。

百慕大海区正在悄悄展示它的另一面，但人们毕竟不会忘记它的危险性。应当承认，最危险的百慕大海区同时又是最具诱惑力的海域。为什么百慕大海区同时又是最具诱惑力的海域？为什么百慕大水域能够造成人体生理与智能上的变化呢？为什么船只能够失而再现呢？难道百慕大三角海区果真有什么超自然的力量存在吗？

海啸的奥秘

人们都说"无风不起浪"，但为什么有时没有风也会波涛汹涌，形成几十米高的巨浪呢？这种现象叫做"海啸"。海啸发生时会造成严重的破坏。那么，海啸是怎么产生的呢？

海底地壳的断裂是造成海啸的最主要原因。地壳断裂时有的地方下陷，有的地方抬升，震动剧烈。在这种震动中就会有波长特别长的巨大波浪产生，这种巨大的波浪传至港湾或岸边时，水位就会因此而

▲ 海啸的破坏力极大

暴涨,向陆地冲击,它产生的破坏作用极其巨大。有时海啸是由海底的火山喷发造成的。此外,有时海啸还是海底斜坡上的物质失去平衡而产生海底滑坡造成的。也有些海啸是由风造成的。当强大的台风从海面通过时,岸边水位会因此而暴涨,波涛汹涌,甚至使海水泛滥成灾,由此造成的损失是巨大的,这种现象被人们称为"风暴海啸"或者"气象海啸"。

又咸又热的红海

红海的含盐度高达41‰～42‰,深海海底有些地方甚至在270‰以上,这几乎达到饱和溶液的浓度,是海水平均含盐度35‰的8倍左右,居世界之首。

红海之所以称之为红海,是由于红海中繁殖着大量红色的海藻,因此,那里的海水看起来是红棕色的,所以叫做红海。

红海含盐量高的主要原因,是因为这里地处热带、亚热带,气温高,海水蒸发量大,而且降水较少,年平均降水量还不到200毫米。红海两岸没有大河流入。在通往大洋的水路上,有石林岛及水下岩岭,大洋里稍淡的海水难以进来,红海中较咸的海水也难以流出去。另外,海底深处还有好几处大面积的"热洞"。大量岩浆沿着地壳的裂隙涌到海底。岩浆加热了周围的岩石和海水,出现了深层海水的水温比表层还高的奇特现象。热气腾腾的深层海水泛到海面,加速了蒸发,使盐的浓度愈来愈高。因此,红海的水就比其他地方的海水咸多了。

红海长约2000千米,最宽处306千米,面积45万平方千米。它像一只长长的蜗牛,从西北到东南,横倒在亚洲的阿拉伯半岛和非洲大陆之间。北端是苏伊士湾和亚喀巴湾,中间夹着西奈半岛;苏伊士湾通过苏伊士运河与地中海相通,南端经曼德海峡同亚丁湾和阿拉伯海相连。千百年来,红海是一条活跃的商业通道;1869年苏伊士运河通航后,这里更成了大西洋、地中海与印度洋之间的交通要道。

潮汐的形成

潮涨潮落,每天都会发生。涨潮时,海水就会淹没大片的海滩,落潮时,大片的海滩又会露出来。古时人们把白天发生的涨潮叫做"潮",晚上发生的涨潮叫做"汐"。可是你知道"潮汐"是怎样形成的吗?

万有引力也存在于太阳与地球之间,只是由于太阳距地球较远,因此引力不大,平时不明显,可当月亮、地球和太阳处于一条直线即满月或新月时,太阳对海水的引力和月亮对海水的引力就会起重叠作用。这时,就会有大潮出现,这就好比两个人来拔萝卜就较容易拔出萝卜一样。当月亮和太阳与地球形成直角即上弦月或下弦月时，两种引力作用方向不同，就会相互抵消，这时小潮就会出现。这好像是一个大人往前拉车，而后面却有一个小孩向后拖车，车前进的速度因此变慢一样。由于每月出现两次这种情况，所以每个月特别大的高潮和特别小的低潮会分别出现两次。

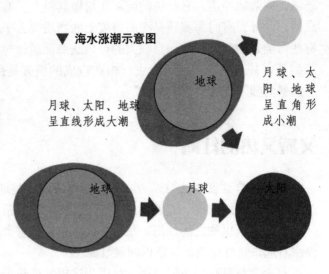

▼ 海水涨潮示意图

月球、太阳、地球呈直线形成大潮

地球

月球、太阳、地球呈直角形成小潮

地球　月球　太阳

世界上最大的珊瑚礁

　　世界上景色最美、规模最大的珊瑚礁群——大堡礁，位于澳大利亚昆士兰州以东，巴布亚湾与南回归线之间的热带海域，东西宽20～240千米，南北长约2000千米，这里有上千个珊瑚岛礁和沙滩。

　　珊瑚虫分泌出的石炭性物质和骨骼以及单细胞藻类等残骸堆积起来，形成礁区。随着时间的推移，礁区不断扩大，露出水面的珊瑚礁群就成为海岛。在礁群与海岸之间是一条极方便的交通海路，风平浪静时，游船在此间通过，船下连绵不断的多彩、多形的珊瑚景色，就成为吸引世界四方游客来猎奇观赏的最佳海底奇观。

　　300多种活珊瑚生活在这个地区。它们有着千姿百态的形状。有的似开屏的孔雀；有的像雪中红梅；有的形如鹿茸，浑圆似蘑菇；有的白如飞霜，绿似翡翠(fěi cuì)，像灵芝，像荷叶……莫可名状，形成一幅蔚为壮观的天然艺术图画。

　　珊瑚礁将海水包了个严实，这里风平浪静，是天然的避风港。各种鱼类、蟹类、海藻类、软体类，五彩纷呈，琳琅(lín láng)满目，透过那清澈的海水，历历在目。比如：欲称霸海洋的鲨鱼，漂亮华丽的狮子鱼，好逸恶劳的印头鱼，脊部棘状突出释放毒液的石头鱼，令人生畏、古怪的巨蛤，柔软无骨的无壳蜗牛，硕大无比的海龟，斑点血红的螃蟹……被潮水冲上来的大小贝壳安安静静地躺在沙滩上，闪烁着光芒；退潮时来不及逃走的大龙虾长达1米，肥美的海参；大饱幸运者的口福。

每年7～9月，濒临灭绝的座头鲸出现在珊瑚岛南部。它体长15米，大的座头鲸体重在40吨以上，但这是一种温和的海洋哺乳动物。这里还能看到大量的儒艮(gèn)，也就是海牛，它们是唯一以植物为生的海洋哺乳类动物。

每年的10月到次年3月，海龟来到雷恩岛产卵，它们如今已濒临灭绝，这里是它们的一个主要繁衍地。

大堡礁大部分隐没在水下成为暗礁，只有顶部露出海面的成为珊瑚岛，

▲ 鱼礁共处的大堡礁水域

总面积约8万平方千米。在大堡礁和珊瑚海范围内，点缀着大大小小600多座珊瑚岛。稍大一些的岛屿上，已经有了深厚的土层，岛上椰(yē)子、木瓜、香蕉、面包果树长得非常茂密，栖息着成百万只海鸥和燕鸥。澳大利亚政府还在大堡礁的一部分岛礁上建立了庞大的海洋公园，游客可以透过深入水下的长廊，尽情地欣赏海底珊瑚礁和海底生物的奇妙景象。

大堡礁是世界上最有活力和最完整的生态系统，珊瑚礁能够对海岸形成很好的生态保护作用，还能保护生物的多样性，在水下可以看到，各种生物在珊瑚的空隙里面生活，珊瑚成了它们的保护所，而且在里面还能找到很多食物，众多动物共同组成了一个水下大家庭。但这里的平衡也是最脆弱的，如在某方面受到威胁，对整个系统来说将是一种灾难。大堡礁禁得住大风大浪的袭击，但最大的危险却来自人类。

在20世纪六七十年代，由于人类大量捕鱼、捕鲸，进行大规模的海参贸易等，已经使大堡礁伤痕累累。游客捡光礁石上的以刺冠海星为食的法螺，导致刺冠海星的数量激增。由于刺冠海星会把消化液吐在珊瑚上，令珊瑚死亡。随着刺冠海星的剧增，威胁到大堡礁的生态，只有保护法螺，才能减少刺冠海星，但部分珊瑚礁的生态平衡必须花上40年才能恢复。

据国际最新研究报告，大堡礁的危险比从前想象的大得多，在50年内将开始碎裂。那么将来的某一天，这片美丽的水域是否真会因为人类的活动而消失呢？

神奇的比利牛斯山圣泉

法国比利牛斯山脉中有个叫劳狄斯的小集镇，镇上有个岩洞，洞内有一眼清泉

▲ 法国比利牛斯山脉风景

长年累月不停地流淌，泉水以其神奇的治病功能吸引了世界各地成千上万的人，这就是闻名全球的神秘"圣泉"。传说1858年，一位名叫玛莉·伯纳·索毕拉斯的女孩在岩洞内玩耍，忽然，圣母玛丽亚在她面前显圣，告诉她洞后有一眼清泉，指引她前往洗手洗脸，并且告诉她这泉水能治百病，说罢倏然不见。100多年过去了，神奇的泉水经年不息。前来圣泉求医的各地人也络绎不绝。它的吸引力远远超过了穆斯林圣地麦加、天主教中心罗马和伊斯兰教、犹太教及基督教的发祥地耶路撒冷。据统计，每年约有430万人去劳狄斯，其中不少人是身患疾病、甚至是病入膏肓，已被现代医学宣判"死刑"的病人。他们不远千里来到这儿，仅在圣泉水池内浸泡一下，病情便能减轻，有的竟不药而愈！

有个意大利青年，名叫维托利奥·密查利，他身患一种罕见的癌症，癌细胞已经破坏了他左髋骨部位的骨头和肌肉。经X光透视发现，他的左腿仅由一些软组织束同骨盆相连，看不到一点骨头成分，辗转几家医院后，他的左侧从腰部至脚趾被打上石膏，但却被宣告无药可医，而且预言至多能再活一年。1963年5月26日，他在其母亲的陪伴下，来到劳狄斯，浸入冰冷的泉水中，但打着石膏的部位却未浸着，只是用泉水进行冲淋。此后，奇迹出现了，密查利的胃口之好是数月来所未有过的。而且他产生了起身行走的强烈欲望，慢慢地竟能拖着腿从屋子的一头走到另一头。到了年底，疼痛感竟全部消失了医生再为他进行X光透视时，片子上显示出那完全损坏的骨盆组织和骨头竟出人意料地再生了。这奇迹般的病例，现代医学还无法给出合理解释。

▲长期泡温泉可以达到健身、长寿的效果。

中国奇"泉"之谜

奶泉

在吉林省公主岭市甘家子满族镇的一个山谷里，一眼由于矿物质丰富而带有乳白色的矿泉被当地居民称为"奶泉"。长期饮用此水，对人体有明显的保健功能。由于此泉远离农作物和工矿区，所以没有受到任何污染。当地农民介绍说，自从他饮用了奶泉的水，身上的老年斑不见了，几十年的关节炎也基本痊愈。他们同村的人也都喝奶泉的水。有的群众还介绍说，坚持每天饮用此泉水，可以帮助消化，增强食欲。从"奶泉"的成分看，主要是内含稀有元素，因为多数矿泉水中都含有元素锂、碘、钾、钠、镁、锌、锶、钴、硒和化合物等，这些物质对人体具有保健作用，因此才如此神奇。

涌鱼的泉

在河北省易县境内的野三坡风景区，据称每年谷雨前后，这里的山泉会喷出大量的鲜鱼。每尾鱼重约六七两，黑脊白肚，肉味鲜美，鱼骨坚硬，当地人称之为"石口鱼"。

据专家观察，这种"石口鱼"是一种多鳞产颌鱼，但这种鱼平时究竟生活在哪里？为何在谷雨时节才喷吐出来？是来自地层深处的暗潭中吗？这些问题至今还是个谜。

在江西武宁县宋溪乡山口村，有一个泉水洞，高1.5米，宽2米，弯着腰人可以进去10多米，然后渐小。这个泉洞四季流水不止，有趣的是，泉里平时见不到一条鱼，可是到了五六月间就有成群的鱼涌出。鱼群每次出洞后，结伴嬉戏两三个小时，游一段路程就不往下游去了，然后它们掉头逆水而上，重返洞中。

害羞泉

在四川省北部广元市龙门山上的陈家乡，流淌着一股清泉，乍一看，与一般的清泉并无不同，泉水从洞口涌出，顺势向低处缓缓流去。然而，当你拾起一块石头向流出清泉的那个洞口投去时，奇怪的现象就会出现：那泉水像一位害羞的小姑

娘，发出"咯咯"响声，缩回洞中躲藏起来。大约10多分钟后，泉水才又带着声响缓缓流出，恢复其原来的轻盈流态。

经过多年的观察和研究，人们弄清了泉水被"吓得"缩回去的缘由。原来，这里的地层断层很多，形成了无数毛细管状的吸水结构；再加上当地的地下水非常丰富，于是就在压力的作用下，从岩石孔隙中溢出地表，形成泉水。当泉水流出地带受到声音的影响产生震动时，便产生一种声压，使岩石孔隙增大，于是，从孔隙中流出的水又被吸回了岩层中，出现了短暂的"害怕"停流。当孔隙逐渐恢复原状后，泉水又重新"大胆"地流了出来。

叫喊泉

湖南省慈利县伏龙山山坡上有个石灰岩溶洞，洞中有个奇怪的泉眼。在雨季，附近的山泉水流如注，而这个泉眼却滴水不见；而当雷声隆隆时，这个泉眼却哗哗地流水。雷声一停，水流即止。在干旱季节，伏龙山上烈日当空，数里内外，河水断流，土地干裂，而在这眼泉的附近却清凉宜人。如果向溶洞内高声叫喊，清澈的涌泉便应声而出。20世纪80年代初，人们想以这眼泉为开端，挖一条渠道，引泉水灌溉，但是这眼泉仍然是不喊不流，引水工程进行了10来天，最后只好放弃了。人们百思不解，伏龙山上的这眼溶洞泉水为什么非得叫喊才出来？

会"飞行"的土地

1989年6月13日晚，一场百年未遇的特大暴雨袭击了位于川滇交界处的四川省珙县三溪乡。第二天清晨，村民们发现了一桩令人迷惑不解的怪事。

一座种满玉米、黄豆、土豆的大山上，在距山脚垂直高度为20米的地方有一片土地不见了，留下一个长条形的大空地。而在与大山对峙的地方，竟有约10亩水稻田被长着玉米、黄豆和土豆苗的泥土覆盖，面积与对面大山上失去的一模一样。据目测，两山相距约120米，而中间的公路、小河和数亩水稻上面，竟没有掉下一点泥土和石块。

气象之谜

气象是大气物理状态与物理现象的统称,如冷、热、干、湿、风、雨、雪、电等。这些自然现象,从远古时代起就影响着人们的生产和生活,对人类社会来说,这些千变万化的气象现象仍然充满了神秘,有待人们进一步认识。

球形闪电

半个多世纪以来，人类共记录了4000多次球形闪电现象。

在美国一个叫尤尼昂维尔的小城里发生了这样一件怪事：一位家庭妇女从市场回到家里，打开电冰箱一看，发现里面放着烤鸭、熟蛋和熟透的莴苣(wō jù)菜。可是她记得清清楚楚，这些东西放进去时是生的！"上帝啊！出了奇迹啦！"女人惊叫起来，赶忙去找左邻右舍。消息很快轰动了全城。不少善男信女把这视为上帝的"启示"。但经过研究很快弄明白了这是球状闪电开的玩笑。它不知怎么搞的钻到电冰箱里，在

刹那间把冰箱变成电炉，结果竟把里面的食物给烧熟了。但电冰箱竟然没有被损坏。

1981年1月的一天，一架"伊尔－18"飞机从黑海之滨的索契市起飞。当时天气很好，雷雨云远离飞行线40千米。当飞机升到1200米高空时，突然一个直径为10厘米左右的火球闯入飞机驾驶舱，发出了震耳欲聋的爆炸声后随即消失。但几秒钟后，它又令人难以置信地通过密封金属舱壁，在乘客舱内再度出现。它在惊乱一团的乘客头上飘浮着，缓缓地飘进后舱，分裂成两个光亮的半月形，随后又合并在一起，最后发出不大的声音离开了飞机。驾驶员立即着陆检查，发现球形闪电进出的飞机头、尾部各被钻了个窟窿，雷达和部分仪表失灵，但飞机内壁和乘客没有受到任何损伤。

从历次球形闪电的活动情况看，它大多出现在雷雨交加的时刻或暴风雨前后，呈发光的火球形状，中心极亮。这种火球的颜色多变，直径通常为10～40厘米。发生球形闪电的持续时间仅在

▲ 球形闪电

几秒到几十秒之间。它常常以每秒2米的速度作水平移动，有时停留在半空中，有时又降落到地面。

球形闪电出现时常伴有爆炸声，消失后会在空气里留下一股刺鼻的烟味。它虽是一个灼热的火球，但当它靠近一些易燃物体如树木、纸、干草时，却引不起火灾，而在爆炸的一瞬间却可以烧掉潮湿的树木和房屋。如若落进水池，球形闪电会使水沸腾。它能轻而易举地穿过玻璃，又可从门缝、烟囱里钻到房屋之内。所以像以上发生的事件也就不足为奇了。

奇怪的是，球形闪电到底是何种物质？一直没人能回答这个问题。有几种假设：有人认为球形闪电是一种带强电的气体混合物；有人则推测是化学反应堆；还有人认为是一种氮氧化合物；更有学者说它是一团高度电离的空气囊。以上诸种说法，都有待于科学研究的证实。

为什么会有彩雪

雪花是白色的，这没有疑问。可是在历史上却曾飘落过五颜六色的彩雪，有红雪、黑雪、绿雪、蓝雪、黄雪等等。

为什么除白雪外还会有其他五颜六色的彩雪呢？许多科学家经过长期的观察和研究，发现可能是由原始冷蕨(jué)所导致的。原始冷蕨是一种由单细胞构成的最简单的植物。它们

▲ 雪后的夜晚仍然很亮

在极其寒冷的环境中繁衍得非常快，有红的、绿的、紫的等多种。它们能适应雪地反射的阳光，能根据自身的需要来选择所需的光线和数量，来改变自身的颜色。比如，如果需要红外线，它们就变成绿色或天蓝色；如果需要紫外线，就变成红色。它们的细胞胚被风吹到雪上，过几个小时周围

▲ 冰晶

冰雪就会改变颜色。关于这种微小细胞内部所发生的化学变化，人们至今还搞不清楚。目前，科学家们对原始冷藏的研究仍在继续。

巨雹是怎样形成的

我国面积辽阔，各地的气候条件各具特点，有些地方就常常发生冰雹灾害。我国冰雹的分布有这样一个特点：西部多，东部少；山区多，平原少。冰雹在我国东南部地区很少见，常常几年、几十年也遇不到一次；而青藏高原则是冰雹常光顾的地区，局部地区每年下冰雹的次数超过20次，个别年份达50次以上。唐古拉山的黑河一带是我国冰雹最多的地方，平均每年下冰雹34次之多。

那冰雹是怎么产生的呢？它为什么会在夏天出现呢？

原来，在夏天，大量水汽在强烈的阳光照射下，急剧上升，到高空遇冷迅速凝结成小冰晶往下落，一路上碰上小水滴，掺合在一起变成雪珠。雪珠在下降过程中被新的不断上升的热气流带回高空。就这样，雪珠在云层内上下翻滚，裹上了层层冰外衣，越变越大，也越来越重，终于从空中落下，成为冰雹，冰雹小如黄豆，大如鸡蛋，最大的像砖块那么大。冰雹形状并不规则，多数呈球状，有时呈块状或圆锥状。

有趣的是，有时一场冰雹过后，人们会发现一些特大的冰雹，有的重几十千克，足有面盆大。1957年，我国内蒙古伊克昭盟金霍洛旗下了一场冰雹，人们在山谷中发现了一块像一辆吉普车那么大的巨雹。更令人惊奇的是，1973年6月13日，在我国甘肃华池县山庄桥发现的一块巨雹比房屋还高。

这些出人意料的巨雹是从天上降落下来的吗？上升空气是托不住一个重10千克

日月并升的地方

"日月并升"是浙江海盐南北湖鹰窠顶上的著名景观，它和"海宁观潮"并称为双绝而闻名于世。"日月并升"是指太阳和月亮在地平线上同时升起，这是一种天文现象。

每年农历十月初一，当东方刚透红，海静气清的时候，一个红褐色的圆球会猛然跳出雾障。片刻间，这个圆球的左边钻出了一个金色的"月牙"，忽而缩了回去，忽而又从圆球的右边钻出来，过一会儿，再缩回去。"金月牙"在圆球的周围忽隐忽现，形成一幅奇妙瑰丽的图画。但你千万别被眼前的表象所迷惑：实际上，这个红褐色的圆球是月而不日，而那个跳跃着"金色月牙"才是真正的太阳。

的巨雹的，所以巨雹来自天空的可能性微乎其微。那它又来自何方呢？

由于没有足够的证据，科学家只能对巨雹之谜进行推测。他们认为，在降雹过程中，冰雹云后部受到干冷空气的侵袭，结果降落到地面的雨滴仍保持着冷却性，随风飘下的雨滴聚集在某一冷的物体侧面上，边冻结、边增厚，形成棱形的巨雹。因此，它的原料来自于天上，成品却是在地面上加工形成的。这种推测有一定的道理，但目前也只是推测。

巨雹究竟是怎么回事？我们只能寄希望于气象学家的研究。终有一天，这个谜会被解开。

奇怪的冰块究竟从何而来

1987年5月14日，河南省周口市北郊乡许营村王本合院内，突然落下来一个奇异的冰块。

王本合的妻子朱凤荣，年约28岁。她于5月14日下午5时左右，在堂屋门前水泥地上闲坐时，忽然听到一个由远而近的呜呜声。抬头一看，只见一道黑光从天而降。仔细一瞧，距她约10米处的粪坑南沿，落下来一个蓝莹莹的圆东西，那个圆东西打了一个滚儿，就停在1米多宽的粪坑东侧不动了。起初，朱凤荣还有一些恐惧，不敢靠近。这时与朱凤荣同时听到响声的邻居于桂英，近前摸摸觉得透骨凉，用手掂掂估计约有1千克重。

▲ 许营村王本合家的院子

▲ 奇怪的冰块

据一些目击者介绍，冰体呈圆柱形，青蓝色，有浓浓的香皂味儿，直径约25厘米、厚约8厘米。一面较平展光滑，另一面却有许多麻点，中间还有一个带麻点的小圆坑，圆坑的直径约5厘米，深约3厘米。

消息传开，惊动了100多位村

民前来观看。人们发现冰体较坚硬，费了好大的劲才把它砸烂。于桂英等5位村民，用冰块在胳膊上涂擦后，虽多次进行搓洗，但3天后香皂味依然存在。另外一些村民将冰块装在瓶子里化成水后，发现冰水仍是蓝色的。有人说此物是从飞机上掉下来的，也有人说是冰雹。但这天既没有飞机从村子上空经过，也没有明显的天气变化。因此至今这块奇冰的来历还是一个谜。

"温室效应"的争议

全球气候在整个20世纪确实一直在变暖，但气候变暖是不是因为"温室效应"呢？会不会持续变暖呢？对此，众说纷纭(yún)。

有些科学家认为20世纪气候变暖是"小冰期"气温回升的延续，是自然演变的结果，跟"温室效应"无关。在地球存在的45亿年

▲ 全球气候变暖导致灾害频发，水灾即为一种常见灾害。

中，气候始终在变化，并且是以不同尺度和周期冷暖交替变化的，也就是说，20世纪气候变暖是正常的自然现象，人们不必恐慌，到了一定的时期气温自然会变冷。

但还有些人反对以上观点，他们认为，全球气候变暖是因为"温室效应"，而人类是造成"温室效应"的罪魁祸首。近几十年来，发展迅速的工业制造业以及日益增多的汽车等，导致燃烧矿物燃料越来越多，人类向空气中排放的二氧化碳大大增加。加上绿色植物尤其是森林遭到了极大破坏，无法大量吸收人类排出的二氧化碳，因此，大气层中的二氧化碳浓度大大增加，阻碍了大气和地面的热交换，引发

▲ 全球干旱加剧是气候变暖的另一后果。

"温室效应"。大量的二氧化碳既能吸收热量，又阻止了地球散热，地球热交换因此失去了平衡，导致全球气温不断升高。最终的结论是气温在未来一百年可能增加1.4～5.8℃。如果这种预测变S成现实，地球将会发生一场大灾难。农业将遭到毁灭性打击；海平面将上升，淹没更多陆地，并导致淡水危机；各种自然灾害将轮番发生，生态平衡将遭到破坏。

尽管"温室效应"论十分盛行，但也有不同的声音。不少科学家认为目前地球正朝低温湿润化方向发展。他们认为，尽管20世纪的气温总体上呈上升趋势，但二氧化碳浓度变化与气温曲线变化并非完全一致，20世纪的40～80年代，有过降温的过程。这种看法也不无道理，他们从两个方面提出证据支持自己的观点。

首先，他们认为，气候变化受地球自身反馈机制的影响。一方面，由于大气与海水间存在着热交换，气温升高时，热交换增强，海水吸收热量升温后，对二氧化碳的溶解度也会增加。不仅如此，气温的升高还会增加地球上的生物总量，寒冷地带由于变热，生长在那里的植物生长期变长，植物带也在高温的作用下移向高纬度的地方，二氧化碳被森林吸收后，要经过更长的时间才能回到大气层。另一方面，由于空气极度湿润，植物残体在这种情况下不能充分分解，以泥炭的形式储存到地壳，这正是碳元素从生物圈到地圈的转化过程。

其次，气温上升过程中产生的水蒸气也能起到一定程度的缓解作用。气温升高导致蒸发加剧，大气含水量增加，形成一些云，大量的太阳辐射会被这些云反射、散射掉，从而缓解气温的上升。

气象系统是十分复杂的，无论地球变暖是否因为"温室效应"，我们都应该加以关注。相信总有一天我们会弄明白地球变暖的来龙去脉，从而改善环境，造福人类。

神秘之雨的迷惑

真难以想象像雨这样平常的东西都能充满神秘。

有一种少见的奇怪报告是关于晴天大降雨的。1886年10月在美国北卡罗来纳州夏洛特市，当地报纸报道说两棵树之间的一小块空地连续3个星期每天下午都会降雨，无论天空是

▲ 晴天下雨

乌云密布还是万里无云。

美国陆军通信兵的一名工作人员前往调查，惊奇地发现报道属实。

在10月份的《每月天气回顾》上，他写道："（第一天）下午4点47分和4点55分分别降了雨，当时阳光普照。"第二天他又去了一趟。结果在下午4点05分至4点25分之间"万里无云的天空下起了小雨"。有时雨点会降到方圆0.8千米的地区，但似乎总是以那两棵树为中心，特别是雨量小的时候更是如此。陆军通信兵派人过去以后，那奇怪的雨如同神秘地开始一样神秘地停止了。

科学通常把晴朗天空下的降雨解释为是风把其他地方的雨吹了过来。但这解释不了为什么雨会一而再、再而三地降落在同一地点上。

在空中飘荡的"幽灵"

风是一种常见的自然现象，但是，大自然也造出了许多怪风，它就像在空中飘荡的幽灵，给人类的生产、生活带来了危害。

有一句俗话——"清明前后刮'鬼风'"，这种所谓的"鬼风"能转着圈跟着人走。世界上当然是没有鬼的，这种风其实是一种尘卷风，它一旦遇到障碍物，便会改变前进的方向，在一个地方打转，有时它还挟带着泥沙、纸屑旋转上升。

有一种叫"焚风"的风可以把东西点燃，在干燥季节能使树叶、杂草等着火，引起火灾；冬季，这种风可以使积雪在很短时间里融化，造成雪崩。"焚风"最早是指气流越过阿尔卑斯山后在德国、奥地利和瑞士山谷的一种热而干燥的风。实际上在世界其他地区也有"焚风"，如北美的落基山、中亚西亚山地、高加索山、中国新疆吐鲁番盆地。

▲ 台风卫星云图

在怪风家族里，不仅有可以点燃东西的"焚风"，还有无比寒冷的"布拉风"。约100年前，俄国黑海舰队的四艘舰艇停在海岸边，忽然刮来一阵狂风，卷起千层巨浪，刹那间船被冻成了一座冰山，最后全部沉没。"布拉风"是一种具有飓(jù)风力量的极冷的风，有时会整个昼夜吹个不停。

要说对人类危害最大的还得算台风。

台风是一种形成于热带海洋上的风暴，太阳的照射使海面上的空气急剧变热、上升，冷空气从四面八方迅速赶拢来，热空气不断上升，直到到达高空变为冷空气为止。这些热空气冷凝后，立即变为暴雨，四面八方冲来的冷空气夹着狂风暴雨形成了一个大旋涡，从而形成台风。

台风理所当然是一种恐怖的怪风，然而怪风家族里的一些"微风"也具有一定的破坏力。

▲ 台风带来的降雨

怪风虽怪，但如果我们巧妙地加以利用，有些怪风也可以为人类造福。比如，人们利用"钦罗克"风带来的热量，在经常出现"钦罗克"风的地方种植一些作物和果树，便可利用"钦罗克"风带来的热量来促进植物的生长，从而使当地也可种植一些原本要栽在南方的植物。同时，作物和水果的品质也得到了改善。只要我们能够认识它们，就一定会找到办法兴利避害，让怪风为人类服务。

龙卷风为什么有如此神奇的威力

美国电影《龙卷风》有一个龙卷风的镜头：龙卷风突然袭击了农场，庄稼被一扫而空；一棵大树被连根拔起，像一棵草一样被抛到了很远的地方；一头强壮的牛被卷到空中，不停旋转；一辆飞驰中的汽车被风卷起，摔成一堆废铁。

可见，龙卷风的风速奇大无比，根本不能用风速仪直接测定，即使是最坚固的仪器，也会被龙卷风摔得"粉身碎骨"。

人们经过长期的观察研究，对龙卷风的产生原因已经有所了解。龙卷风其实就是产生在雷雨云中的一种急速旋转的空气旋涡。这种空气旋涡像一个巨大的漏斗从云底伸下来，有时伸伸缩缩地悬挂在云下；有时则拉得长长的以致触到地面，就像大象的鼻子一样。龙卷风的直径不大，通常在几米到几百米之

▲ 龙卷风

▲ 巨大的"漏斗"

龙卷风的风速快达每秒100多米，甚至超过每秒200米，比台风的速度还要大得多。它的样子很像一个巨大的漏斗或大象的鼻子，从乌云中伸向地面。它往往来得非常迅速而突然，并伴有巨大的轰鸣声。

龙卷风内部的空气很稀薄，压力很低，就像一只巨大的吸尘器，能把沿途的一切都吸到它的"漏斗"里，直到旋风的势力减弱变小或随龙卷风内的下沉气流下沉时，再把吸来的东西抛下来。因此，龙卷风对人、畜、树木、房屋等生命财产均有很大的破坏作用。

间，最长可达1000米，寿命也不长。从一些被龙卷风破坏的现场可以推知，龙卷风来去匆匆，顷刻即逝。

在上海青浦的一次龙卷风中，一位正在驾驶室值班的轮船驾驶员亲身经历了龙卷风的突然袭击。龙卷风吹过后，他打开驾驶室舱门一看，发现驾驶室已经脱离船体，被搬到离河很远的岸上，而他却安然无恙，毫发未损。

龙卷风带来的灾难已经使人谈"风"色变，但是这并不妨碍人们对这种自然现象的模仿和利用。目前，关于龙卷风形成的具体原因，仍然众说纷纭，无定论可让人信服。

延伸到地面　　形成漏斗状　　形成乌云　旋转气流

▲ 龙卷风形成示意图

黑色闪电的奥秘

摩享佐达罗原是古印度的一座城市，大约在公元前15世纪突然从地球上消失了。几千年来，这一直是个谜。

古印度古籍这样记载这件事：一个令人目眩的天雷和一场无烟的大火，紧接着是惊天动地的爆炸。爆炸引起的高温使得水都沸腾了。

是什么原因导致了这座城市毁灭呢？科学家经过多年研究后得出结论，这是由黑色闪电所引起的。那么究竟什么是黑色闪电呢？据分析，它实际上是大气中经过太阳辐射、宇宙射线和电场作用后形成的活泼化学物质，如臭氧、羰(tāng)基化合物、碳氢化合物，等等。这些物质能够浓缩，蕴藏着巨大的能

▲ 奇异闪电

量，不仅能燃烧发光，而且在大量积聚时极易发生猛烈爆炸，产生1～1.5万度的高温。它们还能散发出有毒气体，致人于死地。不过它们在寒冷状态中能长时间不释放能量和发光，不能轻易被看见，"黑色闪电"即因此而得名。黑色闪电的种类很多，各种黑色闪电能同时存在于自然界，轻者在空气中自由飘荡，当密度增大变重时，便降落到地面，常常放出耀眼的光芒。它能长期附在地表甚至深入土层，而且在无雷雨的晴天也能光顾，因此严格说来，它并不是我们平常理解的那种闪电，用避雷针也不能制止它肆虐。

经过计算，摩亨佐达罗发生惨祸时，其上空空气中可能有2000～3000个直径为20～30厘米的黑色闪电。

多雾之谜

英国伦敦是世界著名的"雾都"，它的形成主要是由于伦敦位于欧洲西部的大西洋中，是墨西哥湾暖流与东格陵兰寒流交汇的地方。墨西哥湾暖流的气团暖湿、质轻，当它沿寒流的干冷、质重的气团斜面上升时，因温度降低，水汽凝结，在近地面处就形成浓厚的锋面雾。弥漫的大雾笼罩着大地，灰蒙蒙的一片，顿时天地相连，海天

▲ 山间晨雾

一色。那么雾是怎样形成的呢?

雾不是凭空从天上掉下来的,它是浮游在低空中的小水滴凝结而成的。空气中所含有的水汽是一定的,而且随温度的升高而增加,当增加到最大限量时水汽就饱和,等到高出饱和水汽量时,多余的水汽就凝结成水滴或冰晶。如果空气中水汽含量非常大,而气温降低到一定的程度,一部分水汽将会凝结成很多小水滴。这些小水滴会越来越多而形成雾,人们的视线就会逐渐被阻碍。

为什么天空会呈现不同的颜色

天空常常是蓝色的。但是有时天空也会呈现出不同的颜色,如灰色、白色等等。这是什么原因呢?

原来,天空所呈现的颜色与大气对太阳光的散射有关。当太阳光通过大气遇到空气分子和微尘时,太阳光的一部分能量便以它们为中心,向四面八方散射开来,这种现象称为大气的散射。

散射后的太阳光,一部分返回天空,一部分到达地面,一部分保留在大气中。假若空气分子直径小于太阳可见光波长,则波长愈短,散射作用愈大。在晴朗的天气里,当太阳位于天顶时,波长较短的蓝光被散射50%以上,而波长较长的红光几乎全部通过,所以天空呈蓝色。雨过天晴,天空呈青蓝色也是这个道理。悬浮在空气中的尘埃、烟粒、水滴等,其直径大于波长,它们对不同波长的散射效果大致相当。所以当大气中含有尘粒时,天空呈白色。被严重污染的工业区,由于大气

▲ 蔚蓝的天空

中尘埃含量增多，太阳光被大量散射，太阳看上去是一个无光泽的红色球体，严重时形成"昏暗的中午"。

假如没有大气的散射作用，天空就不再是蔚蓝色，早晨也看不见红日冉冉升起，烈日当空时太阳明亮而刺眼，背阳处则暗淡无光，屋内一片漆黑，太阳一落山就变得伸手不见五指。

氧气无穷无尽吗

在地球上，人类和其他生物呼吸空气中的氧，呼出二氧化碳，树木等绿色植物则吸收二氧化碳，在光合作用下，释放出氧气。如今，世界上的人口越来越多，树木越来越少，人类消耗的氧气与日俱增，而树木产生的氧气却减少了。

▲ 森林等绿色植物是氧气的重要来源。

氧气占空气体积的21%。人和其他生物呼吸空气，就是吸进空气中的氧，而把体内废气——二氧化碳释放出来。世界上一切氧化反应均需要氧的参与才能完成。

随着工业的发展，地球上二氧化碳的量不断增加，英国物理学家凯尔文于1898年曾十分担心地说："随着人口的增多和工业的发达，500年后地球上的氧气将会逐渐消耗光，只剩下人类日益增多的二氧化碳。"

人类对于大自然索求无度，已经导致了许多难以挽救的后果。如果认识不到这一点，继续破坏环境，说不定真有一天，氧气会被耗尽！

厄尔尼诺

"厄尔尼诺"来自西班牙语，意为"神童"或"耶稣之子"。据说在很久以前，居住在秘鲁和厄瓜多尔沿海的渔民发现在圣诞节前后海水水温会比往常高一些，他们把这种现象为"厄尔尼诺"。

早些时候，厄尔尼诺现象并不引人注意。但是，最近20多年来，这种大规模的灾难现象时有发生，全球气候变化异常，世界各国灾情频生，不得不引起各国气象部门的重视。1982年，因为厄尔尼诺现象的发生，全世界死亡1000多人，经济损失达80多亿美元。

有人认为，是自然界气候变化的规律性重复，导致了20世纪最后20年中厄尔尼诺现象的频繁发生。但由于20世纪70年代之前一直没有关于厄尔尼诺现象的记录数据，所以无法确定这种观点是否正确，同时也无法确定厄尔尼诺的发生周期。

也有人认为，厄尔尼诺之所以频繁发生，是因为太平洋变暖的缘故。这种看法也有一定的道理。

早上的空气最好吗

对人体健康来说，空气的好坏取决于空气中氧气和其他有害气体含量的多少。氧气含量高，有害气体含量少则空气好，反之则不好。氧主要是绿色植物利用二氧化碳和水在光照条件下进行光合作用而放出的。白天，光照好，光合作用起主要作用，植物产生的氧气多；晚上，植物的光合作用停止，而呼吸作用照样进行，直到早上。这时，花园、树林中的二氧化碳含量都较高，而含氧量较低。所以早上的空气并不是最好的。

科学家们为了更好地搜集有关厄尔尼诺的资料，以记录和预测它的发生，部署了一些强有力的新工具。1998年，美国航空航天局戈达德空间飞行中心将一台十分先进的加强型克雷超级计算机用于处理有关厄尔尼诺的资料。克雷机最大的优点是可以尽可能多地利用资料，改进预报模型，全面处理有关厄尔尼诺的浮标和卫星数据。在上海天文台，中国科学院也利用前所未有的先进空间天文学手段，预测到了即将发生的厄尔尼诺现象。

今天，人类利用先进的科技，越来越多地了解了厄尔尼诺现象，但大自然依然不愿对我们袒露所有真相，许多疑团还是没有解开。我们已经清楚，大洋暖水流大范围运动是厄尔尼诺现象和反厄尔尼诺现象的主因。南太平洋中有逆时针大洋环流，北太平洋则有顺时针大洋环流，这些与暖水流运动有什么联系？厄尔尼诺带来的暖水来自何方？其热源又在哪里？

大自然给我们留下了一个又一个的谜团，要解开它们，只能依靠人类的聪明才智和刻苦努力。

▲ 厄尔尼诺来临前的秘鲁渔港

动物之谜

　　动物是人类的邻居和朋友，因为他们的存在，我们的生活变得多姿多彩。蚂蚁是出色的数学家，蜜蜂被称为"天才的数学计算和设计师"，珊瑚虫可以在自己身上巧妙地记住日历……动物的世界是那么神秘，吸引着我们去探索、发现。

恐龙是恒温动物还是变温动物

我们知道，恐龙是与蜥蜴相似的爬行动物，而且"恐龙"这个名称也和蜥蜴有着一些联系。综观整个爬行纲动物，从龟到蛇到蜥蜴再到鳄，都有一个共同的特征，就是它们的体温是随着环境温度的变化而变化的，所以叫冷血动物，又叫变温动物。

▲ 优椎龙

但温血动物如鸟类、哺乳类就不同了，它们身体中有可以调节体温的机制，属于恒温动物。当环境温度变化时，它们身体里的系统就及时运作起来，以适应这种变化。所以，一般来说，恒温动物是不需要冬眠的。

恐龙被发现后的一段时期内，几乎所有的科学家都认为恐龙属于变温动物，即使是恐龙的复原像，也是参照这种观念而确定的。但是，随着时间的推移，一些科学家在大量的研究后提出恐龙是恒温动物的观点。

1996年春天，从中国东北大地传来了一个令人振奋的消息，一具带羽毛的恐龙化石出土了，科学家们将它命名为"中华龙鸟"。它的骨骼与小型兽脚类恐龙细颚龙的骨骼很相似。羽毛的隔热作用是很明显的，

▲ 中华龙鸟骨骼化石

恐龙的皮肤

1989年10月，中国四川自贡恐龙博物馆的欧阳辉在一具较完整的剑龙骨架化石上发现了一块皮肤化石。当时，皮肤化石被保存在一种紫红色泥岩中，岩石的年龄约有1.4亿年。皮肤和印膜表面纹饰足以说明它是一种有鳞的皮肤。皮肤表面还有六角形的角质鳞，但比一些恐龙复原像中所描绘的鳞片要小得多。它与现在的蛇、蜥蜴等爬行动物的皮肤很相像，已修整出的皮肤化石有近400平方厘米，几乎每平方厘米都含有三枚大小相似、形态一致的角质鳞片。

这无疑为坚持恐龙是恒温动物的一派找到了一个证据。

恐龙究竟是恒温动物还是变温动物，甚至，恐龙是不是属于爬行类动物，仍然还是个谜，有待于科学界找出更为有力的证据来证明。

是植物杀害了恐龙吗

中国科学家根据对部分恐龙化石的化学分析，发现了植物杀害这种史前动物的证据。

他们选取了50多个埋藏在四川盆地中部、北部和南部的侏罗纪不同时代的恐龙骨骼化石样本，并对照同时代的鱼类、龟类及植物化石进行了中子活化分析，发现恐龙骨骼化石中存在微量元素异常。

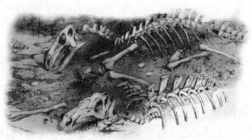

▲ 恐龙骨骼

主持这项工作的成都理工学院博物馆馆长李奎说："这些恐龙化石中砷、铬等元素的含量明显偏高，有可能是恐龙生前过多食用高砷、铬植物，使砷、铬沉淀在骨骼中的结果。"对恐龙化石埋藏地的植物化石研究表明，植物化石中含砷量也非常高。砷即砒霜，过量摄入会导致生物死亡。初步推测，这些恐龙食用含砷植物，引起慢性中毒，逐渐死去。事实是否如此，还需要进一步证明。

▲ 青岛龙化石

为什么有的爬行动物没有灭绝

6500万年前，恐龙惨遭灭顶之灾。可为什么同是爬行动物的鳄类、龟鳖（biē）类、蜥蜴类、蛇类以及那个不大出名的喙头蜥，却能大难不死，生存至今？

这个问题至今没有十分肯定的答案，但科学家认为可能有以下几个因素：

第一，残存的爬行动物身躯均较细小，远不如恐龙那样庞大。大有大的短处，小有小的长处。在生存方面起码有两大优势：一是在危机来临时便于找地方（如地

▲ 鬣(liè)蜥

下洞穴、岩石缝隙）隐藏和躲避；二是肚皮小，食量不大，在食物缺少时比较容易填饱肚皮，不至于饿死。

第二，残存的爬行动物一直生活在与中生代相似的自然环境中。例如地球的热带和亚热带地区，气候终年炎热或温暖，各类爬行动物十分繁盛。特别是鳄类，不仅生活在这些地区，而且像它的祖先一样，从未离开过比较安全的水栖环境。

第三，一些残存的爬行动物对气候的季节性变化有较强的适应能力。如蛇类、蜥蜴类、鳄类、龟鳖类，在寒冬来临之际它们能进行冬眠。有了这一招，它们就可以把自己的生活范围扩大到温带，并且使自己的家族延续不断。

第四，缺少竞争者。在残存的爬行类栖息的地方，因地理隔离而独处一隅(yú)（如海岛上）。那里没有生活习性与爬行动物一样的哺乳动物，没有谁与它们争食，当然更不能有捕食它们的哺乳动物存在。印尼科摩多岛上的巨蜥和新西兰一些小岛上的喙头蜥，就生活在这类地方。它们从恐龙时代一直延续到现在，重要原因之一就是没有天敌。

对于爬行动物没有灭绝，是否有更确切的答案，值得期待！

▲ 鳄鱼

候鸟为什么随季节迁飞

每到秋天，北方的大雁便会成群地飞上高空，排成"人"字或"一"字形，向着遥远的南方飞去。来年春天，它们又会按原路飞回。这类鸟叫做候鸟，这种依季节不同而变换栖息地的习性，叫做季节迁飞。

除候鸟外，有些昆虫也有迁飞习性。美洲有一种体形美丽的君主蝶，被喻为

"百蝶之王"。每年秋天，这种蝴蝶便成群地从北美出发，行程3000多千米到达南方。冬天，它们在墨西哥、古巴、巴哈马群岛和加利福尼亚南部生活，到了第二年春天便开始飞往北方。它们的繁殖一般在途中进行，随后自己就死亡了，新一代君主蝶被孵化出来，沿着父辈的足迹飞往南方过冬。一代接一代，君主蝶就这样地繁衍下去。

▶ 燕子准备飞往南方

鸟类和昆虫是怎样具有这种迁飞的本领的呢？为什么它们每年都必须迁飞？

科学家们推测，候鸟随季节迁飞可能有两个原因。一是去南方过冬，躲避严寒的天气；二是寻找食物源，因为北方到了秋季以后，草木凋零，食物非常缺乏，候鸟到南方可以找到丰富的食物。但这些说法缺乏可信度。为什么其他鸟类不迁飞呢？它们难道不用去寻找食物吗？

一些科学家认为，动物的季节迁飞是遗传因素造成的。但关于季节迁飞的研究才刚刚开始；科学家期待着能从动物的季节迁飞中发现更多有趣的事情。

▲ 春天来了，家燕又飞回了北方。

凤凰的原型是什么动物

凤凰是我国古代传说中的一种吉祥动物。相传凤和凰是一对伴侣，双宿双栖，形影不离，凤是雄性鸟，凰是雌性鸟，那么，凤凰的原型动物是什么呢？

有人认为凤凰的原型是极乐鸟或某种已灭绝了的巨鸟，但我国没有极乐鸟，很难相信它会成为凤凰的原型；所谓消失了的巨鸟之说，也是一种想象，不足为信。还有一种较多人能接受的意见是，孔雀是凤凰的原型，理由是两者的外形比较接近。但反对者的意见似乎也比较充分，他们认为，其一，在先秦时代，黄河流域和长江中下游根本没有孔雀，上古先民不会以没有见过的一个动物作原型去想象出凤凰；其二，从形状看两者也有区别，孔雀的尾羽宽大华美，而凤凰的尾羽却是修长雅丽的，尽管孔雀外形的某些特征与凤凰有些相似，但古人却很少说凤凰像孔雀。

还有人提出，凤凰的原型主要是雉（zhì）类，雉类美丽温驯，无损于人；雉肉被视为一种山珍，雉羽是华丽的装饰品，雉类种种的良善品貌，为上古人民所珍视，被幻化为一种吉祥的神鸟——凤凰，当然凤凰的形象还融合了其他一些禽鸟的特征，如鹰、鸿、鸳、燕等，使其具有百鸟之王的风范。

凤凰的原型到底是什么，现在还没有一个定论，但凤凰的美好形象，已经永远地印在了中华传统文化的多彩画卷中了。

不怕烫的鱼和老鼠

不论是在海洋还是在地面的高温环境中，都有很多奇特、耐高温的动物。1936年，法国旅行家安让·里甫在日本千岛群岛中伊图普鲁岛的一个湖中发现了一些肚皮朝天的"死鱼"。据当地人说，这种鱼叫"不怕烫的鱼"，要在热水里才能生存。里甫半信半疑地把这些鱼放到了50℃的水中，它们竟然真的

▲ 非洲的罗非鱼也是一种耐高温的鱼

活了过来，在水中欢快地游了起来。据说在非洲的一些火山口上也生活着类似的"不怕烫的鱼"。而人们较常见的产于非洲的罗非鱼也生活在四五十摄氏度的水中，在低于15℃的环境中就很难生存。希腊的维库加有个沸泉，泉口水温在90℃以上，那里竟然生活着一种水老鼠。它们在沸水中生活得自由自在，一旦进入常温环境中就会被冻死。1984年，意大利学者还在玻璃群岛附近水域中2~10米深处发现了一种细菌。据科学家分析，这些细菌生存的理想温度是60~100℃，但温度降到4℃时也能存活，但不能发育。

这些动物为什么能耐高温呢？还属于未解之谜。

老鼠为什么灭不尽

在所有的哺乳动物中，数量最多、分布范围最广的就是老鼠。世界上有些珍

稀动物，尽管人们千方百计去保护，它们仍然处于濒临灭绝的境地。可是尽管人们用尽各种方法去消灭老鼠，猫、蛇、黄鼠狼、猫头鹰等许多天敌也在时时刻刻地威胁着它们，但老鼠依然到处肆虐，甚至变得越来越猖獗。最近几十年来，人们用各种药物来毒杀老鼠，开始效果还不错，但渐渐地，这些药物的作用也越来

▲ 老鼠

越小，甚至有些老鼠竟然完全不怕老鼠药了。科学家经过实验发现，这些老鼠已经产生了抗药能力，这种能力还可以遗传给幼鼠。为何老鼠会具有极强的适应能力，科学家们也迷惑不解。

这些动物为何要画圈儿

凡是看过《西游记》的人，一定都知道孙悟空用金箍棒画"禁圈"的故事，妖魔鬼怪无法进入圈里，唐僧等坐在圈内安然无恙。据推测，这个故事很可能是源于貂熊的"禁圈"。

在我国东北的大兴安岭林海深处，生活着一种既像紫貂、又似黑熊的动物，这就是貂熊。它有一个异乎寻常的本领，每当饥饿时，它会用自己的尿在地上画一个大

圈，凡是进入圈中的小动物如同中了魔法，不敢越出圈外，只能待在圈内一动不动，乖乖地等待貂熊来捕食。更为奇怪的是，圈外的豺狼虎豹等野兽也不敢撞入圈内。因此这个"禁圈"具有捕食与自卫的双重功能。

然而，貂熊的尿液中究竟含有什么成分？为何具有如此的魔力？至今还是个谜。

科学家们发现，从脊椎动物到哺乳动物，甚至某些无脊椎动物都有画圈的本领。

有人曾目击一条1米多长的麻蛇顺葡萄藤滑行而下，这时一只黄鼠狼突然窜

出，绕蛇一圈，然后退去，蛇立即停止滑行，只能待在原地吐舌头。几分钟后，5只黄鼠狼相继窜来，各叼一段蛇肉扬长而去。

田螺也有这种"特异功能"，曾有人报道，水田中一只田螺绕螃蟹画了一个圈，这只螃蟹便待着不动了。几天后螃蟹腐烂，终于成了田螺的美食。

动物的"怪圈"生动有趣，其中谜团令人不解。

非洲象吞吃岩石之谜

东非国家肯尼亚的艾尔刚山区，是非洲象经常出没的地方，那里有很多奇怪的岩洞，其中最有名的就是基塔姆山洞。令当地人惊讶的是，在每年干旱的季节里，常常看到非洲象成群结队地走进山洞，它们缓慢地穿过狭窄的通道，来到阴暗潮湿的中央大洞。用长长的象牙，在洞壁上挖凿下一块

▲ 非洲大象

又一块岩石，接着又用自己的大鼻子卷起岩石，一口一口地吞到肚子里。吞完岩石以后，它们在山洞里稍微休息一会儿，领队的非洲象就发出集合的信号，象群又排着队走出山洞。

"非洲象吞吃岩石"的怪事儿传开以后，动物学家们感到十分惊奇：非洲象是吃植物的，怎么会吞吃起岩石来啦？真让人迷惑不解。

动物学家们进行了考察和研究，非洲象吞吃岩石，其实就是为了补充食物中

▲ 群象寻找岩石洞

缺乏的盐分。特别是在干旱的季节里，身躯庞大的非洲象会大量出汗和分泌唾液，身体里的盐分消耗特别大，因此需要补充的盐分也就更多了。

另外一个谜，就是非洲象经常出入的神奇山洞是怎样形成的？

地质学家认为是早期火山爆发的时候，由喷射的气泡形成的。考古学家提出这些山洞可能是当地土著居民挖掘的，一些动物学家又提出了一种新的解释：山洞很可能是非洲象挖的，为了补充食物中缺乏的盐分，它们世世代代地挖呀，吞呀，最后挖成了这些神奇的山洞。

但这只是一种推理性的解释。还没有人真正解开这个千古之谜。

大象死后之谜

自古以来就有一种传说：大象在行将死亡之时，一定要跑到自己的坟地去迎接自己的末日。可以设想如果这种大象坟地真的存在，那里肯定会留下许多象牙。

大象坟地真的存在吗？人们对此将信将疑。

最近，有许多学者否定大象坟地存在。他们认为发现大象墓地一说纯属攫(jué)取象牙的偷猎者的捏造。因为捕杀大象攫取象牙，要受到法律的制裁，所以偷猎者杀害大象之后，总要掩饰说，"我们偶然发现了大象的墓地，才得到这么多的象牙"。

这种说法正确与否且当别论，大象在临死前，行动确实与往常不同，往往总要离开象群，就步履维艰地在某个地方销声匿迹。很可能大象在临死之前，跑到某个僻静的场所或是有水源的地方去与世诀(jué)别。虽然象的

▲ 行将老死的大象寻找自己的归宿

寿命最长可达九十几岁，但平均寿命则在三十到四十岁左右。

神秘莫测的大象坟地之所以至今未被任何人发现，也许与临近死亡的大象行动诡秘，而人类对象牙又贪得无厌不无关系吧？

会飞的狗

看到这个题目，也许有人会提出疑问，狗也会飞吗？是的，世界上确实有会飞的狗，这不是科学幻想，而是活生生的事实。

会飞的狗毕竟又不同于普通的狗。它们喜欢用两只后肢（或者用一只后肢）抓住某一突出的物体，从而使头朝下，并使头与身体呈垂直状态。在动物园里，会飞的狗很少飞翔，但经常活动翅膀，其翼展

▲ 狗

可达0.5米。会飞的狗是非常爱清洁的动物，它们经常长时间地去舔自己身上的毛；大小便时，总是头向上，用两只前肢的爪趾抓住某一物体。

会飞的狗有敏锐的听觉和嗅觉。它们只吃植物性食物——许多热带植物的花蜜和果汁。它们把食物放在嘴里，仔细地反复咀嚼（jǔ jué），用舌头挤出汁来，然后吐出残渣。当它们感到饥饿时，就会发出响亮的尖叫声。在动物园里，会飞的狗同时还吃搓碎的胡萝卜、苹果、黄瓜、甜菜等，它们特别喜欢吃芒果汁、鳄梨（热带产的一种果实）汁和番木瓜汁。在自然界，会飞的狗有时会袭击果园，从而成为果园的大患。

在非洲（从埃及北部到安哥拉南部）可见到会飞的埃及狗。

目前，对这种动物的考察研究还在继续进行。

靠鼻子行走的奇异动物

世界上有一类不用腿走路，却用鼻子行走，大头朝下尾巴朝天的怪兽，动物学上把它们叫做"鼻行动物"。

鼻行动物的第一个特征是大部分体表有毛，皮毛有各种各样的颜色，有的身上还长有硬鳞。

鼻行动物的第二个特征是尾巴比较发达，四肢逐渐退化。

鼻行类的繁殖力不太强，一胎只怀一个崽，妊娠（rèn shēn）期为7个月到1年，很少一胎多崽。由于它们栖息的群岛天敌较少，因此存活率较高。

鼻行动物最大特征是它们的鼻子构造极为特殊，有的只有一个奇形怪状的鼻子，有的有四个鼻子或更多的鼻子，它们的鼻子千姿百态，有的像根柱子，有的像个喇叭，有的像只蜗牛。它们的鼻子绝对不可以与象、猪、或其他动物的鼻子相比较。它们不但可用鼻子爬行、跳跃，甚至能用鼻子捕捉虫子。鼻子在它们的生活中起着第一位的作用。

遗憾的是，1957年在南太平洋的一次秘密核武器试验中，群岛下沉，整个鼻行类毁于一"弹"。目前为止，鼻行动物连一个活标本也没有留下。

▲ 靠鼻子行走的奇异动物

会上树的鸭子

鸭子不会上树，这是一般的情况。但是也有特殊情况，长白山地区就有一种会上树的鸭子，叫做"中华秋沙鸭"。

中华秋沙鸭是我国稀有珍贵鸟类，繁殖于内蒙西部的呼伦贝尔。雄中华秋沙鸭的嘴细长，鼻孔位于嘴峰中部，头上有长长的一对冠羽，好像姑娘扎的一对辫子。整个头和上背均为黑色，下背、腰和尾上覆羽为白色。两翅上各有一白色翼镜，在阳光下闪闪发光。因腹部白色，体侧有黑色鳞状斑纹，所以又叫"鳞胁秋沙鸭"。雌中华秋沙鸭体型比雄的小，羽色也不同，头部和颈呈棕褐色，背部为蓝褐色，也相当美丽。

中华秋沙鸭通常一雄一

▲ 中华秋沙鸭

雌，实行"一夫一妻"制，但也有个别的一雄多雌。

中华秋沙鸭是我国特产的稀有鸟类，目前已被国家列为一级保护动物。

由于中华秋沙鸭实在太珍贵太稀少，因此有关中华秋沙鸭的生活习性一直是不解之谜。

"蛇坟"之谜

蛇可以记忆往事，可以寻找被报复对象——捕蛇人，并能组织群体进攻捕蛇者。这方面最令人惊奇不已的例子就是捕蛇人程地明的遭遇。蛇有思维能力，实施报复行为，这在动物界是罕见的。

令人感到不解的是在程地明打死第一条蛇后的5年间，蛇是靠什么记忆来追杀程地明的？是不是程地明

▲ 蟒（mǎng）蛇

身上已带上什么捕杀蛇的信息？而蛇为什么总咬程地明，而在他身边玩耍的儿子却安然无恙？蛇又是靠什么方式联络，形成群体攻击阵式的呢？程地明死后，于1991年7月16日安葬在漆树坪田野。此坟当地人称之为"蛇坟"，"蛇坟"上无草无树，多年来有如新坟，令人大惑不解，奇上加奇的是每年3~9月都有一次群蛇聚会，来到这坟上爬行缠绕，不少人都亲眼目睹了这一奇观异景。到底蛇是如何传递信息，组织集体行动，又是如何判别"凶手"的呢？这里的奥妙实在令人困惑不解。

▲ 蛇正在吞食猎物

鲸鱼自杀之谜

1964年10月10日，一群伪虎鲸凶猛地冲上了阿根廷的一个海滨浴场，结果全部死亡，835头伪虎鲸的庞大尸体布满了整个浴场；1970年，150多条逆戟（jǐ）鲸冲上了美国佛罗里达州的一个海滩，从此再也没有返回大海；1979年7月16日，加拿大欧斯海湾的沙滩上，发现了130多条自杀而死的鲸鱼尸体；1980年6月30日，又有

58头巨头鲸冲上了澳大利亚新南威尔士州北部海岸的一个海滩，搁浅而死……对于这些鲸类的集体自杀，人们想尽了一切阻止的办法，都无济于事，甚至把冲上海滩的鲸鱼重新拖回深水，这些鲸鱼还会再次抢滩自杀。

▲ 鲸鱼搁浅在水边

除了鲸以外，还发生过大批墨鱼集体自杀事件。1976年10月，在美国科得角湾的海滩上，突然涌来成千上万条墨鱼，它们纷纷涌上海岸集体自杀，尸体布满沙滩，到了11月，墨鱼集体自杀的势头沿着大西洋沿岸往北蔓延，有时一天达10万只之多，直到12月中旬才停止。

一些海洋学家猜测，这场墨鱼的大自杀事件，可能与次声波有关，海洋中的次声波是杀死海洋生物的秘密武器，但有人反问，次声波是通过什么对墨鱼施以毒手的呢？在大西洋那么长的海岸线上，次声波能够持续那么长的时间吗？

对于鲸鱼集体自杀的猜测更多，有人认为是鲸在追捕食物时，无意中陷入了沙滩；也有人认为是鲸群受到了天敌的驱赶，以致慌不择路；还有人认为是领头鲸的神经出了问题，不辨深浅方向，而误入绝路。

美国一位科学家认为，鲸类是利用地球磁场来决定迁徙途径的，前进时遵循沿磁力低地而避磁力高地的规律，发生鲸类搁浅的地方往往处于磁力低地或极低地；荷兰一位学者猜测，鲸有精确的回声测位器官，使其在正常的情况下不会遇险，但当海底的泥沙粒泛起的时候，使鲸无法收到自己发出的导航信号，就有可能因辨别不清方向而遇险；日本一位教授认为是寄生虫使鲸的听觉神经发生病变，影响了鲸的听力而导致悲剧……

迄今为止，鲸类自杀的原因仍是众说不一，难有定论。

▲ 鲸鱼游弋在海洋里

鲸鱼为什么生活在海中

　　鲸鱼虽然叫鱼，但却不是鱼，而是一种哺乳动物，科学家通过对鲸鱼体内血液蛋白的化学分析告诉我们，鲸鱼与其他肉食兽和有蹄动物是近亲，考古学家也在河流淤积的河床而不是在古海底找到了鲸鱼的化石，在附近地区还有大量的鼠类、有蹄类等陆生动物的化石。因此，鲸鱼的祖先原是陆地上的哺乳动物，经过亿万年的演化，它们才从陆地进入海洋的。但是什么原因使鲸鱼放弃了陆地走入海洋的呢？

　　有的科学家猜想，1.5亿年前，那些后来演变成鲸鱼的动物生活在陆地上，它们逐渐将生活范围接近海洋，也许有一段时间，它们就像现在的海豹、海象一样，时而在陆地上栖息，时而又在水中生活，后来才彻底迁入海洋的，时间大约是在4000万年前，鲸鱼已完全适应了水中的生活，失去了在陆地生活的能力。这种猜想是有一定道理的，但并没有说清鲸鱼为什么要放弃陆地进入海洋。

海豚睡眠之谜

　　海豚是一种有着许多神奇功能的动物，这些神奇功能至今让人们捉摸不透。

　　海豚有着高超的水下探测本领，无论白天黑夜，它都能发现渔民设下的捕捞网，并轻而易举地从网上方的空隙逃脱。这并不是因为海豚的视力超群，有人在实验中将海豚的眼蒙上，海豚依然能迅速准确地捕捉到水中的鱼。那海豚的特殊本领在哪儿呢？有人提出海豚是用发射超声信号来判断目标的，但是海豚没有声带，它又是如何发声的呢？有人认为海豚是用鼻孔发音，也有人认为海豚的发声声源来自头部的瓣膜和气囊系统。

　　海豚的另一项神奇功能是高速游动能力。按照海豚肌肉的承受能力，海豚游动的时速不可能超过20千米，但海豚在水中的实际游速可达每小时48千米。经过长期的研究，科学家们认为这主要得益于海豚有某种神奇的方法，能减少水的阻力。海豚的皮肤富于弹性，不沾水，高速游动时可能减少阻力，经研究发现，海豚的皮肤由1.5毫米左右的极软的海绵状表皮和6毫米厚的细密而结实的真皮构成，这种皮肤可像减震器一样，有效地使身体表面防止产生紊（wěn）流，使之快速前进。此外，海豚有大量的神经通向皮肤，能积极地操纵皮肤，减少水的阻力。海豚高速游动的秘密，是否真是如此，

▲ 可爱的海豚跃出水面

尚需近一步的证实。

海豚还有一项神奇之处，就是人们总看到海豚在水中游戏，却从未看到过它睡觉的样子。难道海豚不需要睡眠吗？后来通过实验发现，海豚的睡眠是与众不同的，睡眠中的海豚仍会继续游动，并在水面上有意不断地变换姿势。原来，睡眠中的海豚，其大脑的两半球处于明显的不同状态，当一个半球处于睡眠状态时，另一半球却醒着，每隔十几分钟，两个半球的活动状态变换一次，很有节律，至于其中的奥秘，目前还不得而知。

水母为什么泛滥成灾

水母，对于人们来说，并不是很陌生的。海蜇(zhé)就是水母的一种，它富有很高的营养价值，为人们所喜爱。还有一种桃花水母，具有粉红色的生殖腺，透明的伞顶在水中沉浮，犹如落水桃花，更是观赏的佳品。

人们对水母的习性也有所了解，由于它伞体和触手上的刺细胞能放出毒素，使鱼类麻痹和僵死，对人类也有所危害，所以早在希腊神话中，把女妖美杜莎就叫做"水母"。美杜莎的形象是十分可怕的：头发是一条条缠卷的毒蛇，面目狰狞、目光尖刻。它要是一看谁，就立刻变成一块石头。

神话毕竟是神话，多少还带有一些神秘和美丽的色彩。然而，就在近几年，在地中海海域居然真的出现了这样一种危机，这就是水母泛滥成灾。

水母的过剩繁殖给地中海地区的经济和旅游都带来很大的灾难。由于有的水母触手秀长，缠住渔网后，阻止了水流畅通而使渔网冲走；又因为水母身上的刺细胞给鱼群带来极大的威胁，所以鱼群迁徙，渔业减产。地中海海滨向来是世界旅游胜地，每年都有2亿人次的游客来此度假。可是由于水母对人体有所伤害，轻者灼痛，重者心脏麻痹、生命垂危。因此，纷纷败兴而归，好不凄惨！

水母的种类极其繁多，大的如霞水母伞径可达2米，伸展的触手超过36米，而小的一些海面群落伞径只有几毫米。不同的水母其感觉的方式也不一样，有的靠看角皮形成的透镜来

▲ 希腊神话中的女妖美杜莎

看到，有的长有简陋的眼睛，还有的依靠一种类似于人的内耳功能的平衡器。水母都有一种相同的捕食和自卫的本领，这就是在它的触手上寄生着许多刺细胞。刺细胞内有一个刺丝囊，贮有毒液和盘着一卷刺丝。受外界刺激时，刺丝囊能翻出来，刺丝像标枪或长鞭一样射出，随之毒液也喷出。它对鱼类或人体的伤害也正是这样一个过程。

专家们对水母的习性和环境进行充分的研究以后，归纳出水母恶性泛滥的三个原因，其一，是由于近代的城市和工业废水的大量排放，造成沿海和海湾水域的富营养化。这些从阴沟里来的渣滓，无疑是这种低等软体动物的很好的食粮，它们吃遍四方，自然就大量繁殖。

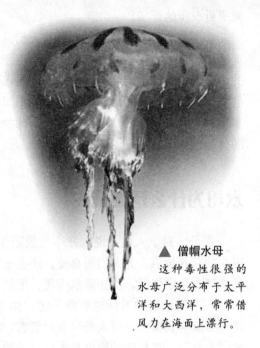

▲ 僧帽水母

这种毒性很强的水母广泛分布于太平洋和大西洋，常常借风力在海面上漂行。

其二，是其天敌的消灭。原来，海龟以水母为食，可是由于工业发展，人们在海洋中大量废弃塑料袋一类的东西。这样，海龟误把透明、漂浮的塑料袋当成水母，而贪婪地吞噬，结果反倒送了性命。这种生态平衡的破坏，也导致水母的泛滥。其三，是由于长时期的海洋反气旋的条件，致使水螅型的珊瑚虫群体形成恐慌，在适应生存的过程中，加速了小水母的产生。

针对上述种种情况，专家们也纷纷提出一些控制和防范的措施。一种办法是采用抗水母的保护性油脂，如果涂抹在身上，可以不怕水母的攻击，相反还可以同水母一起追逐玩耍。另一种办法是设置一些人为的栅栏，或采用消防用的喷管，阻止和吹散水母的聚集群。更为绝妙的是一位澳大利亚专家提出采用抗水母生长的疫苗来有效抑制水母的繁殖，据说在他的实验室里已经研制出这种疫苗。

看来，地中海的一场水母之灾是可以避免的了，但是它对大工业的发展、环境污染及生态平

▲ 夜光游水母

衡，又将有什么更深刻的启迪呢？

昆虫为何具有卓越的建筑技巧

在我国广西和云南两地的南部以及海南岛，都有许多高高耸立像塔一样的"建筑物"。这是白蚁为自己建造的巢，人们称它为"蚁塔"。

蚁塔一般高为2～3米，最高的可达6米。它主要是用泥土以及少量的白蚁分泌物和排泄物建成的，这种建筑很结实，风吹雨淋也不会倒塌。

蚁塔内部结构极为复杂。通常有1个主巢和3～5个副巢，巢内又分隔开，形成许多小室。一般主巢的

▲ 蜂房结构

中部是蚁王和蚁后的"王室"，此外，还有孵化室、羽化室、仓库等。蚁塔内还建有一些竖直的空气调节管道，以及沟渠和堤坝，用来通风换气和排除流入的雨水。

▲ 工蜂在喂养幼虫

蜜蜂的建筑精密得更让人难以相信，如果你仔细观察蜂巢，就会发现它是由无数六角柱状体的小房子拼接起来的。房底呈六角锥状体，它包括6个三角形，每两个相邻的三角形可以拼成一个菱形，一个房底由3个相等的菱形组成。而每个房底部3个菱形截面的角度都相等，菱形的锐角为70°32′，钝角为108°28′。经过计算得知，以这样的菱形面组成的蜂巢结构，容量最大，而所需的建筑材料最少。

这些昆虫为什么具有如此卓越的建筑才能呢？至今还没有人能解开这个谜。

奇特的蛙会

衡山广济寺在芙蓉峰后，居祝融、紫盖二峰之间。这里古木环绕，风景秀丽。堪称南岳一绝的石蛙聚会，就发生在广济寺前的水田中。石蛙是南岳衡山上珍贵的小动物。它貌似泥蛙，外观分黄色和黑褐色。成蛙有碗口大小，憨态可掬。每年立春前后，当南岳衡山广济寺还是一片冰雪世界时，成千上万的石蛙便纷至沓来。在水田里，这些石蛙或成团嬉戏，相互取乐；或首尾相咬，围成圆圈；或前呼后拥，摆成长龙。场面热闹，十分有趣。还有的蛙层层堆叠，形似宝塔，最高可达1米左右，这就是当地罕见的"蛙塔"奇观。石蛙产卵也在聚会时进行。蛙卵如黄豆般大小，密密麻麻排列成一条条长线，像蜘蛛网一样布满水田。一年一度的石蛙聚会，多则十几日，少则数日。产完卵后，石蛙就会在一夜之间突然散去，留下满田的蛙卵。那么，石蛙为何选择初春乍暖还寒时聚会呢？传说是这样的，南海龙王的小儿子曾变成石蛙来南岳赏雪，不幸遭黑蝗精暗算，被山上美丽的梅子姑娘救出。王子为了感恩，从此每年率各路蛙神前来拜谢梅子姑娘。但是目前，这一自然界的奇观尚未得到科学的解释。

青蛙自相残杀之谜

在1977年的广州郊区，春夏都很干旱，好不容易才在9月初的一天下了一场大雨，人们都欣喜若狂。雨后天晴，在近郊公路旁的一个坑里，聚集着许多青蛙，蛙声鸣叫像擂鼓。人们看到青蛙展开了一场骇人的自相残杀之战。有的青蛙在水面追赶，有的抱成一团互相残杀，断肢残腿，鲜血淋漓。两年后，1979年10月下旬，在贵州省某地的一块水田里，竟然又有成千上万只青蛙互相残杀。水田里蛙声一片，震耳欲聋，血流满田，残肢遍地。青蛙究竟为何有如此的举动呢？人们百思不得其解。一些动物学家猜测，可能是蛙类为了寻伴求偶而自相残杀；有人持反对意见，认为这种残杀可能是某种气候变化的先兆。

"蚁塔"之谜

在我国广西和云南两地的南部以及海南岛，都有许多像塔一样的"建筑物"。这是白蚁为自己建造的巢，人们称它为"蚁塔"。蚁塔一般高达2～3米，最高的可达6米。这种建筑很结实，风吹雨淋也不会倒塌。蚁塔内部结构极为复杂。蚁塔内

还建有一些竖直的空气调节管道，以及沟渠和堤坝，用来通风换气和排除流入的雨水。蚁塔使用的建筑材料也很奇特，它们用唾液和很多面粉似的物质黏合而成，干

了就成为结实的塔壁。塔里面洞房密布，巷道四通八达。特别奇妙的是这些材料还可以成为白蚁的食物。碰上恶劣的天气，如久雨连绵，无法外出采集食物而贮藏食品又已告缺，白蚁们就吃掉一部分"房子"，待天气好转时再补葺。此外，在白蚁世界里，建筑蚁塔和采集食物全是工蚁

们的事。公蚁和母蚁只负责生育。特别是那些公蚁们，只会一味地坐享其成，是决不参与劳动的。当公蚁的数量少于工蚁的时候，白蚁王国的生存就能维持发展。公蚁繁殖得很快，不到几年时间，就会大大超过工蚁的数量。公蚁们把库存的食物吃光之后，就疯狂地啃食蚁塔本身，慢慢地把里

面全部蛀空。然而，白蚁究竟为何会具有如此高超的建筑技巧，仍是一个令人费解之谜。

动物能自己治病吗

在广东和福建交界处，有一种当地人称为"茅更"的鸟。曾有农民将巢中雏茅更的腿折断，过一天再去看，雏鸟的双亲已将其断腿用青草和黄泥裹了起来。几天过后，断腿已经长好，雏鸟又开始自由自在地学飞了。后来，这个农民又拿茅更做了一次试验，得到茅更医治骨折的草药配方，用来医治人体骨折也很有疗效。

夏天天气炎热，狗和猫也会中暑。它们中暑时会寻找一些青草吃，来治中暑。

狗有极强的生命力，冬天趴在雪地里也不会患关节炎。有人从狗从不患关节炎得到启发，研制了治疗关节炎的狗骨膏，疗效十分显著。狗不但不患关节炎，而且不怕毒蛇咬。当狗被毒蛇咬伤时，会马上去吃一些青草来解除蛇毒。福建邵武一位青年医生发现，狗吃的青草就是当地人用来治蛇伤的草药。

人类与害虫谁胜谁

人类能够移山填海，能够登月升空，更不要说驱逐凶猛的豺狼虎豹，但对小小的害虫，却有些无可奈何。在非洲南部，每年有1亿人受蚊子的侵袭而患疟(nüè)疾，80万人因此而死亡，福尔达盆地的黑苍蝇每年造成70万人眼盲，肯尼亚70%的农作物要被害虫吞食，美国91万间房屋的建筑材料被两种谷蛾和两类甲虫所毁坏。

▲ 泛滥成灾的害虫

大约4亿年前，昆虫就已经适应了来自外界的一切威胁，能够对付所有的敌人和毒物。地球上共有500多万种昆虫，人类所能了解的连四分之一都不到，世界上的昆虫总数达100亿，其总重量是人类的12倍。昆虫的繁殖能力十分强大，很多虫类产卵数以千百计。

由于昆虫中的害虫对人类的生存健康有着极大的威胁，因此，人类与害虫的斗争从来就没有停止过。为了有效地制服害虫，人们研制了化学杀虫法，希望能够一举歼灭害虫，但事实证明，化学杀虫剂的使用，可以说是利弊参半，它虽然暂时控制了虫害，但也使人类的生存环境遭到污染，而害虫却逐渐产生了免疫力。美国农业部在对500种害虫的调查中发现，已有267种具有了抗杀虫剂的能力。同时，由于大量使用杀虫剂，一些益虫也被杀灭，无形中又使害虫少了一些天敌。

毫不夸张地说，人类与害虫的斗争不亚于一场战争，因为无论从物力、人力、财力的损失看，还是从旷日持久的时间看，任何一场战争的损害都没有害虫的威胁更为严峻。

人们一直在寻找彻底战胜害虫的方法，但至今为止，人类连一种害虫都没有灭绝，在人类与害虫的战斗中，谁能胜谁，还是一个未知数。

龟的长寿之谜

人们都管龟叫动物世界里的"老寿星"。那么，龟的寿命到底有多长呢？

根据报道，一位西班牙海员曾经捕到一只海龟，长达2米，重300千克，有专

家说它已经活了250年了。另外一位韩国渔民在沿海抓到过一只海龟，长1.5米，重90千克，背甲上附着很多牡蛎(lì)和苔藓，估计寿命为700岁。它可以说是龟类家族的"老寿星"了。

▲ 百年老龟

但这只是估计的岁数，它不能精确地反映龟的实际寿命。有记录可查的才是比较准确的。

1971年，人们在长江里捕获过一只大头龟，它的背甲上刻有"道光二十年"（即1840年）字样，这分明是记事用的。这一年，咱们国家发生了鸦片战争。也就是说，从刻字的那年算起，到捕获的时候为止，这只龟至少已经活了132年了。它的标本至今还保存在上海自然博物馆里。另外，还有一只龟，据说经过7代人的饲养，一直到抗日战争的时候才中断，它的饲养时间足足有300年左右啦。

1737年，有人在印度的查戈斯群岛捕到过一只象龟，当时科学家鉴定它的年龄是100岁左右。后来，它被送到了英国，在一个动物爱好者的家里生活了很长时间，最后被送到伦敦动物园。到20世纪20年代，它就活了将近300年。

1983年，在中国人民革命军事博物馆里曾展出过一只海龟，有120千克重，在展出的时候，它还生了30个蛋呢。经专家鉴定，这只海龟已经活了300年了。

龟虽然是动物世界中的"长寿冠军"，但在龟类王国里，不同种类的龟，它们的寿命也是有长有短的。有的龟能活100年以上，有的龟只能活15年左右。即使是一些长寿的龟种，事实上，也不可能个个都"长命百岁"。因为从它们诞生的那天起，疾病和敌害就时刻威胁着它。另外，海洋环境污染和人类的过度捕杀，也在危害它们的生命。

人们虽然知道龟是长寿动物，但对龟的长寿原因却说法不一。有的科学家认为，龟的寿命与龟的个子大小有关。个头儿大的龟寿命就长，个头小的龟寿命就短。有记录可查的长寿龟，像海龟和象龟都是龟类家族的大个子。但我国上海自然博物馆的动物学家不同意这个观点，因为前边提到过的那只大头龟的个头就不大，可它至少已经活了

▲ 乌龟出壳

132年了，这又怎么解释呢？

有些动物学家和养龟专家认为，吃素的龟要比吃肉或杂食的龟寿命长。比如，生活在太平洋和印度洋热带岛屿上的象龟，是世界上最大的陆生龟，它们以青草、野果和仙人掌为食，所以寿命特别长，可以活到300岁，是大家公认的长寿龟。但另一些龟类研究人员却认为不一定。比如以蛇、鱼、蠕虫为食的大头龟和一些杂食性的龟，寿命也有超过100岁的。

▲ 加拉帕戈斯龟

最近，一些科学家还从细胞学、解剖学、生理学等方面去研究龟的长寿秘密。有的生物学家选了一组寿命较长的龟和另一组寿命不太长的普通龟，作为对比实验材料。研究结果表明，一组寿命较长的龟细胞繁殖代数普遍较多。这就说明，龟的细胞繁殖代数多少，跟龟的寿命长短有密切关系。

有的动物解剖学家和医学家还检查了龟的心脏，他们把龟的心脏取出来之后，竟然还能跳动整整两天。这说明龟的心脏机能较强，跟龟的寿命长也有直接关系。还有的科学家认为，龟的长寿，跟它的行动迟缓、新陈代谢较低和具有耐旱耐饥的生理机能有密切关系。总之，科学家们从不同角度探索和研究龟的长寿原因，得出的结果也不一样。

鹦鹉学舌的秘密

鹦鹉学舌是尽人皆知的，而且人们普遍认为鹦鹉只会说一些被训练的简单的话，是一种机械的模仿行为。事实上，鹦鹉说话并不是纯粹的生搬硬套，也不是传统意义的"人云亦云"。在教鹦鹉学单词时，选择能引起它兴趣的东西，如闪闪发光的钥匙，它喜欢啄的木片、软木等，这样可以提高它的学习兴趣。这种方法改变了传统的学一次，便喂一点食物的实物奖励方法，改"被动学习"为"主动学习"。鹦鹉在认识了一些物品后，无论怎样改变其形状，它都能

认出来，而且还会使用"触类旁通"的方法。认识某种颜色后，它会说出从未见过的某东西的颜色。鹦鹉学了不少词汇后，便能够把一些词组合起来，用来描述从未见到的东西。这说明它已经具有了初步的分类概念和词语组合能力。鹦鹉没有发达的大脑来思维，但它能说一些未被教过的东西，难道它真的懂得所说"话"的含义，能运用人类语言来表达自己的意

▲两只鹦鹉在互相交流说话技巧

愿吗？这有待于进一步的科学论证。

大熊猫有何奥妙

大熊猫是我国的珍贵国宝，同时它也是一种充满神秘色彩的动物。

首先，大熊猫的科属就很令人费解，争论了100多年至今尚无定论。有人认为，大熊猫应属浣(huàn)熊科，理由是，大熊猫与浣熊具有相似的特征；也有人认为，大熊猫属熊科，其依据是，大熊猫脑外形与熊相似；还有人主张，应单独分出一个大熊猫

科，理由是，大熊猫的吻部比熊短，牙齿脱换的特点及胎儿尾长的返祖现象都与熊不同。

其次，大熊猫的生活习性也很神秘，大熊猫属偏食动物，只偏爱二十几种竹子，并且只吃一两年生的嫩竹，它也吃竹笋，但再好的竹笋，只要有野猪、黑熊等动物取食的痕迹，就一概舍弃。令人难解的是，有如此

挑剔的饮食习惯，大熊猫有时却改变食性，吃草、啃树皮、嚼食朽木、吃沙石土块、吞铁、撕咬山羊、吃死兽尸体等，这是饥不择食，还是另有原因，目前尚未明了。同时，大熊猫的食量惊人，活动范围却很小，仅3000平方米左右，即使饥饿迫使大熊猫到低海拔地区觅食，吃完后马上就跑回来；更为奇怪的是，在一些竹林枯死的地区，翻过山便有大片竹林，但大熊猫宁可饿死，也不异地取食。

大熊猫的繁殖十分困难，根据近几年在动物园中的观察，主要原因在于雄性不发情或很少发情，而且熊猫的生殖器官也有缺陷，是什么原因造成的，目前尚未得出结论。

另外，大熊猫种群的兴亡也是一个悬而未决的问题。有的科学家认为，大熊猫现存的种群正处于演化过程的自然衰亡阶段，一旦环境发生不利的变化，就会加快它们的衰亡，我们目前采取的抢救措施，只是为延缓大熊猫走向衰亡的一种努力；也有的科学家不同意这种看法，认为大熊猫的生物学特性能够承受自然选择的压力，它们目前所处的濒危状态，主要是可栖息地的迅速消失所致，只要改变这种状况，大熊猫的种群就能逐渐稳定并有所扩大。

抹香鲸为何有如此惊人的潜水能力

据海洋生物学家考察，抹香鲸是一种生活在海洋中的肉食性哺乳动物，它的主要食物是生活在深海中的头足类动物，例如乌贼等。大王乌贼个头很大，已发现的长达17米的乌贼伸展开来的触角足有6层楼高。与这些庞然大物搏斗对于抹香鲸来说绝非易事。抹香鲸

▲ 抹香鲸

经常潜入深海来捕食这些动物，因此，时间一长，它练就了一身潜水的好本领。鲸的呼吸系统也随之发生了相应的变化，其右鼻孔通道的容量差不多与肺相等，演变成了一个空气贮藏室。因此，抹香鲸的肺容量可以说增加了一倍。

人类在潜水时不能像抹香鲸那样下潜到如此深的地方，在海中更不

▲ 抹香鲸

能逗留过久。潜水员上浮时也不能太快，否则就会使得压力骤降，导致身体组织遭到破坏或神经受压，引起血管闭塞或麻痹，甚至死亡。然而，令人感到不解的是，抹香鲸却能自由地下潜和上浮，它下潜、上浮的速度甚至达到每分钟120米，也毫无不适之感。那么，为什么抹香鲸能自由地下潜和上浮而人却不能呢？

原来，鲸类在潜水时，胸部会随着外部压力而进行调节。压力大时，肺部会随着胸部收缩而收缩，因而肺泡就不再进行气体交换，防止氮气自然溶解到血液中去。这就是抹香鲸能自由潜浮的谜底。

动物的感应之谜

我们知道，人类的感觉有五种，即：视觉、听觉、嗅觉、味觉和触觉。但是，有许多人都相信除了这五种感觉之外，生活中还有"直觉"，也有人称之为"第六感"或"超感觉力"。

一位英国外科医生从伦敦到苏格兰高原去旅游，不幸在途中发生了车祸，被送进了爱丁堡的一家医院。他在医院足足住了两个多月，就在他出院前夕，他心爱的猫凯蒂闯进医院找到了他。从伦敦到爱丁堡有好几百英里，要经过许多丘陵、山地、密林和湖泊。苏格兰有数以千计的湖泊，并且途中还要越过泰晤士河，这只猫却不可

▲ 神奇女孩可随口说出汉字笔画数，像是第六感觉。

思议地找到了主人。这件事轰动了整个爱丁堡。许多动物学家、心理学家、星相学家，纷纷慕名而来，专门"拜访"这只神奇的猫。

养过宠物的人都有这种体会，每当你回家时，你的狗或者是猫总是在门口等候着你，似乎

▲狗与人有心灵感应

早就知道你这个时候回来。专家们做了一个实验，为了证明琳达小姐的狼狗能知道她何时回家，工作人员分成了两组，一组随狗守在家中，一组与40英里以外的琳达在一起。琳达每次准备回家，待在家中的狼狗就会兴奋地跑到门口；而当琳达放弃回家的念头时，狼狗又会垂头丧气地回到房间里。如此试验了40次，竟然屡试不爽。当琳达真的回家时，狼狗就一直在门口等两个小时。试验结果让专家们目瞪口呆：狼狗真的能与40英里外的琳达小姐心灵相通。

科学家们一直也在进行人类"第六感"的研究，虽然至今尚未获得直接证据表明"第六感"的存在，但是许多人都有"第六感"的亲身经历。

动物复生之谜

你可能想象不到，动物的生命力有多么顽强。1950年的一天，大英博物馆的一个工作人员无意中将一些水洒在了一个标本盒里，盒中两只在100多年前被制成标本的虫子竟然慢慢活动起来，恢复了生机。好奇的科学家们开始调查，发现有许多动物在身体失去大量水分、新陈代谢已停止很长时间之后，遇到适当的条件仍能起死回生。1917年，就已经有人做过实验，将一条蚯蚓放在装有吸水剂的玻璃罩中，等到它全身失去水分，变得干瘪(biě)皱缩，没有生命迹象时，再将它放到潮湿的纸上。它的身体竟然会渐渐舒展，最后恢复生机活动起来。这是怎么回事呢？

▲ 蚯蚓

死而复生的动物

有人经过研究认为，生物大量失水并不要紧，要紧的是失水速度的快慢。如果是慢慢失水，生物体会逐渐调整自己细胞内的成分，使脱水后的细胞不至于受损，仍然有能力保持活性。但脱水后的细胞是怎样保持活性的呢？它接触到水分之后又是怎样恢复生机的？这一切都还是谜。而且，作为研究的对象只是一些低级的单细胞生物，它们的生命形式简单，恢复活性比较容易，像蚯蚓那样的多细胞生物情况

▲ 青蛙

就会复杂得多。更令人惊奇的是，像青蛙那样相对高级的动物也能死后复活。19世纪，人们在墨西哥的一个石油矿里挖出了一块200万年前形成的岩石，被岩石完全包裹着的一只青蛙接触到空气后竟然活动起来，两天之后才死去。在这漫长的时光中它究竟是怎样维持生命的呢？

迷途知返的动物

▲ 猫的认路本领非常强

在外国有一种流传很广的习惯，那就是假如你想把不愿再养的家猫扔掉，必须将它装在袋子里送到郊外，否则它要是看见了离家的路线，就会凭借记忆找到回家的路。猫的认路本领真的那么强吗？1974年，一个兽医从纽约迁居到加利福尼亚。仓促之间把一直养在家里的猫给扔下了。没想到这只猫竟然跋涉了4000千米，几乎横穿大半个美国国土，找到它的主人。这件事引起了极大地轰动，人们好奇地想知道它究竟是怎样认路的。

相比之下，狗的认路本领更为人们了解，但也同样令人吃惊。1943年，家住美国西海岸俄勒冈州的布列加夫妇驾着自己的汽车横越美国大陆旅行，随车旅行的还有他们的爱犬博比。不料在印第安纳州的一个小镇上，博比因为与当地的狗群打架而与主人失散了。布列加夫妇找了它好几天都没有找到，只好失望而归。不料第二年春天，博比竟然自己找回家来了。它是怎么认路的呢？有人认为是狗的灵敏嗅觉领它回家的。但是狗的嗅觉再灵敏，也不可能跨越那么远的距离吧？而且据布列加夫妇的调查，博比回家的路线和他们旅行的路线并不一致。这又是怎么回事呢？更神奇的是一只荷兰军舰上的狗。它的主人在前往东京时将它遗忘在纽约港了。这只狗竟然跳上了另一条开往日本的船，来到东京找到主人。这就更难以解释了。

▲ 狗能迷途知返

动物肢体再生的奥秘

人的躯体一旦失去，就无法再生了，而许多动物却不然。动物世界是一个弱肉强食、优胜劣汰、适者生存的世界。大自然中的竞争如此激烈，使得动物在进化过程中逐渐具备了各自的防御本领。其中有一部分动物为了自卫，可以瞬间舍弃自己的一部分肢体，掩护自己逃生，过不了多久，它们的肢体又会重新长出来。这不能不让人惊叹。

▲ 章鱼

动物世界中的肢体再生之王当属海绵，它有着无与伦比的再生本领。若把海绵切成许许多多的碎块，非但不能损伤它们的生命，相反，在海中它们的每一块都能逐渐长大形成一个新海绵，各自独立生活。即使把捣烂过筛的海绵混合起来，只要条件良好，它们重新组合成小海绵的个体也只需要几天的时间即可成活。

章鱼也有断腕逃生的本领。章鱼的腕足在平时是很结实的，当有人抓住它的某只腕足时，这只腕足就像肌肉回缩被刀切一样地断落下来，掉下来的腕足还会用吸盘吸在某种物体上蠕动。当然这只是障眼法，章鱼并不是整个肢都断了，而是在整个腕足的4/5处断开。腕足断掉后，它的血管闭合，极力收缩以避免伤口处流血。6小时后，闭合的血管开始流通，受伤的组织也有血液的流动，结实的凝血块将腕足皮肤伤口盖好。第二天伤口完全愈合后，新的腕足就开始慢慢长出。一个半月后，就能恢复到原长的1/3了。

不仅海生动物有肢体再生的能力，陆地上的动物也有这方面的高手。

壁虎就是最典型的例子。处于险境的壁虎，可以自行折断尾巴，当进攻者被断了的扭动的尾巴所迷惑的时候，壁虎已逃进了洞穴。夏天未过完，壁虎尾巴折断的地方就长出了新的尾巴。

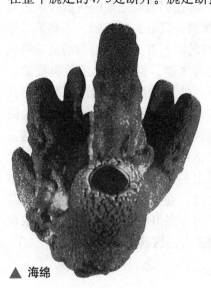

▲ 海绵

动物的这种"丢卒保车"般的肢体再生本

领实在令人羡慕。那么能否使人的断肢重新长出来呢？研究动物的再生能力，无疑对人类有很大的启发。

在美国，贝克尔在研究中发现了一种生物电势：蝾螈(róng yuán)的肢体被截断了，在未复原时，有一种生物电势产生了，残肢末端的细胞通过电流获得信息。开始分裂，形成新的组织。最后新的肢体长出来了。研究表明青蛙之所以不能再生失去的肢体就是因为没有这种电流的产生。老鼠前腿的下部被切断，并让电流从断裂处通过。实验的结果让人震惊，老鼠失去的肢体开始复原了。

▲ 蝾螈

我们是不是已经揭开了动物肢体再生的秘密呢？答案是否定的，因为现在还没有充分的证据，而且并非所有的有肢体再生能力的生物都遵从这一理论。但是，可以肯定地说，不久的将来，我们一定能揭开动物肢体再生之谜，那时人类肢体的再生将再也不是梦想。

黄鼠狼为什么集体"大逃亡"

黄鼠狼，学名"黄鼬"，人们对它的印象不怎么好，平常也很少能看到它。可是，山东省即墨市牛齐埠乡梁家疃村的许多人却有幸看到了约3000只黄鼠狼浩浩荡荡横穿公路的壮观景象。

1990年6月4日晚10时许，梁家疃村北面的公路上，有约3000只黄鼠狼前后排成长约100米、宽约4米的队伍通过，作大规模的迁徙。行进中它们头尾相接，有的老黄鼠狼背上还驮着自己年幼的孩子。过路行人都停步观望，行驶的车辆也都停了下来。这群黄鼠狼对行人及机动车辆一点也不害怕，旁若无人地行进着，12分钟后，这只队伍才走完。人们被这场面惊呆了，静静地观看着，谁也没去干扰。遗憾的是，在场的人谁也没带照相机，没能拍下这举世奇观。

▲ 黄 鼬

这件事引起了社会上的广泛议论。为了解开这一谜团，李其德等科技工作者进行了调查分析。他们的观点如下：即墨市这次3000只黄鼠狼大迁徙很可能是气候反常所致。即墨市1990年为大涝年，1~5月的降水量为228.9毫米，而多年累计平均降水量只有127.1毫米。进入1990年，降水量突然猛增，尤其是到了5月后，雨量更大，这个月的降雨量高达134.5毫米，而正常年份这个月的降雨量只有49毫米。由于降水量过大，大量的雨水注入黄鼠狼的洞穴中，使其居住条件受到严重的破坏，因此，它们排成长长的队伍，越过田野，横穿公路，离开了原来的家，另觅新居。

"花生米" 鸡蛋

鸡蛋你可能见过无数次，就算见到个头小一点的鸡蛋也不算新鲜，但小到好像花生米那么大的鸡蛋你见过吗？在南海里水的一间餐厅就有这样一枚小蛋。

该枚鸡蛋只有一粒花生米那么大，外壳比一般鸡蛋坚硬，呈红褐色，敲击时发出的声音和一般鸡蛋没有两样，放在灯光下照，并不透光。餐厅厨师称，他是在早晨去鸡场捉鸡时，意外地在地上发现了这样一枚小蛋，拿给众人看时，无不啧啧称奇，都说从来没有见过这么小的鸡蛋。

据餐厅老板谭某讲，餐厅的鸡场养了二三十只鸡，有时

▲ 母 鸡

▲ 小 鸡

候由于母鸡受惊，也会生下软壳的小鸡蛋，但像花生米那么小的蛋，而且是硬壳，自己干了30多年餐饮都从没见过。

据佛山市农林技术推广中心畜牧兽医站的负责人分析，生下这样小的鸡蛋，可能是由于母鸡本身有炎症，内部组织脱落掉入产道，同样被蛋壳包裹，然后自然产出。事实是否如此，人们不得而知。

动物迁徙靠什么定向导航

在一次有名的实验中，有人在威尔士海岸斯科克霍姆岛上将一只墨嘴海鸥从它

的巢里抓了出来,到了5000千米以外的波士顿又放了它。12天以后它又回到了自己的巢中,居然比告知放飞消息的信件还早到了一天。人们至今还无法明确知道动物是怎样克服这么长的危险路程安全返回的,科学家们归纳出以下几种猜测。

▲ 信鸽

靠感觉器官识别路线

科学家推断,许多动物会综合运用各种导航手段,采用一系列方法,从空气、水流、温度变化、可视标记、气味等多种途径获得有关的蛛丝马迹,综合判断,从而不使自己迷路。而像夜间迁徙的鸟类,会利用落日的余晖在起飞时定向西的方向,在夜晚则通过辨别夜空中的星星导航。蜜蜂和信鸽利用太阳作为罗盘确定自己将飞往何处,依靠太阳每日的运行规律,利用体内的生物钟,计算出飞行距离。蜜蜂还有计算距离的能力,所以它们不论飞多远,总能飞回自己的家。

靠能"看见"地球磁场的眼睛

科学家将鸟类头部中连接大脑与磁性细胞的神经切断,结果发现鸟类并未因此而丧失导航的能力。科学家由此推断,鸟类除了靠神经联系外,它们还可能用另一种方式感知磁场。科学家推测,它们或许能用特有的X线视觉系统"看到"磁场。将刺歌雀放在红色灯光下,它失去了方向感,而置于绿光、蓝光或白光下,则方向感很强。因此,一些鸟类的眼中含有能检测磁场的光感接收器,它们眼中的南方和北方可能呈现出不同的色彩。

靠动物头部的独特"罗盘"

在阴天或漆黑的夜晚,飞行员利用雷达定位飞行。在没有星星的夜晚,那些夜间迁徙的动物为何也不会迷路呢?研究发现,诸如海龟、鲸、某些鸟类、某些鱼类和鼹鼠,可利用地球磁场进行导航。这些动物的头部有含有磁性物质的特殊细胞,这些磁性物质受磁场的影响而会按磁力线的方向排列。这些排列信息可通过神经系统传到大脑。大脑将这些排列信息进行分析和处理,就可发出指挥动物行进方向的指令。生物学家发现海龟就是通过感应地球磁场进行导航的。幼龟在美国佛罗里达海岸破壳而出后,在大西洋里生活几年,成年后回到出生地进行交配、繁殖,靠的就是头部的磁性"罗盘"。

靠月光的偏振定位方向

最近,瑞典科学家首次发现,以粪便为食的蜣螂,在有月光的夜晚,将粪球沿直线路径运回目的地而不迷路。这表明蜣螂是利用月光来进行导航和定位的。科学家认为，蜣螂移动采用这种直线路径是一种安全、高效的方式，它沿最短的路径回家，就能减少其他捕食者抢夺的机会。当月光透过大气层时，因为受到大气层中微粒的散射，使得照射到地表的月光产生偏振。为了进一步探讨蜣螂是利用月光的偏振还是月亮的方位进行导航，科学家将特制的偏光镜套在蜣螂的头部。偏光镜可改变月光的偏振方向。

▲ 长途远航的海龟

当月光的偏振方向被改变了90°时，蜣螂的爬行方向也偏离了90°。这种突然大转弯90°的移动行为显示，蜣螂能利用月光的偏振来进行导航和定位。科学家推测，许多夜行动物可能都拥有这种能力。

科学家起初认为在阴天或没有星空的夜晚，动物主要依靠感应或"看见"地球磁场来导航。但事实上，动物体内的地球磁场感应系统只是动物体内庞大、复杂导航系统中的一个部分。要彻底揭开动物导航系统中的奥秘，还需科学家继续努力。

鱼类的变性之谜

动物王国趣事多，其中之一就是鱼的雌雄之变。如红海的红稠鱼，二十多个组成一个一夫多妻制家庭，在这个家庭当中，丈夫不准其他的雄性问津，更不准窝里的雌性逞强，否则，这条逞强的雌性就有可能变成雄性。而一旦唯一的丈夫失踪或死亡时，就会有一个身强力壮的雌性变成雄性，取代它的位置，统治这个家庭。假如这个丈夫出走，另一个雌性会紧接着变成雄性，不断出走不断变，直到最后一个变成雄性。其实，这种现象在低等海洋动物中并不少见。生活在珊瑚礁上的红鳍鱼、大鳍鱼、鹦嘴鱼、隆头鱼等都能由雌变雄，而细鳍鱼、海葵鱼等又都能由雄变成雌。人们所熟知的黄鳝，刚出生时，都是清一色的"女儿"，而一旦性成熟产卵后，它们的生殖系统会突然发生变化，变成"男儿"。因而，苗条瘦

▲ 鹦嘴鱼

小的黄鳝个个都是"女士"，而个头粗大的黄鳝个个都是"男士"。这样，粗壮的"男士"与弱小的"女士"结婚，又生下一批"女士"，之后又变成"男士"，如此循环下去。

有些鱼类更加奇特，如珊瑚礁中的石斑鱼，当这一海域雄性多、雌性少时，一部分雄性石斑鱼就会变成雌性；而当这一海域雌性多，雄性少时，一部分雌性石斑鱼就会变成雄性，以保证产下众多的下一代。

▲ 海葵鱼

更为奇特的是，生活在美国佛罗里达州和巴西沿海的蓝条石斑鱼，一天中可变性好几次。每当黄昏之际，雄性和雌性的蓝条石斑鱼便发生性变，甚至反复发生5次之多。这种现象既叫变性，又叫"雌雄同体"和"异体受精"。科学家们分析，或许是因为鱼的卵子比精子大许多，假如只让雌性产卵，负担太重，代价太高。而假如双方都承担既排精又排卵的任务，繁殖后代的机会会更多一些。牡蛎也是身兼雌雄两性，有趣的是，牡蛎的雌雄之变是逐年变化的，即去年是雄性，今年就变成雌性，来年又是雄性，年年变化不已，每个牡蛎变化的时间各不相同，并不是同时发生的。低等海洋动物为什么会发生变性，至今仍是个谜。尽管科学家们众说纷纭，但至今仍无定论。但不管怎么说，这也是一些低等动物在进化过程中为了适应生存和更有利地繁殖后代所演变的一种独特的功能。

动物预知灾难之谜

人类以万物灵长自居，常以支配者的心态看待丰富多彩的世界。2004年12月26日的印度洋大海啸，以地动山摇之势，瞬间夺去近20万人的生命。可是一个难以置信的事实是：这场突如其来的灾难，却"仁慈"地饶过了绝大多数野生动物的性命。动物为何能具有如此高强的本领？科学家一直在试图进行

▲ 来势凶猛的海啸。

▲ 大象是群居动物

解释。

在斯里兰卡东南部地区亚勒，有一处面积1000平方千米的自然保护区。海啸发生时，洪水深入内陆远达3千米，毫不留情地吞噬了200多当地居民的生命。然而，生活在自然保护区的200多头亚洲象，还有豹子、野牛、野猪，数不清的野鹿和猴子，却全部逃过劫难保全了自己的生命。野生动物保护组织派驻当地的观察员惊讶地看到，洪水过后的自然保护区，横七竖八倒在泥泞中的，全部是我们人类的尸体："没有一头大象死亡，保护区甚至连一只野兔都没有损失。"

原来当人类还无动于衷的时候，动物已经早早预感到灾难的临近。这样的例子，早已不是什么新鲜事。早在公元2世纪，希腊修辞学家埃利亚努斯就在书里记载，公元前373年赫利克城大地震发生前五天，居民就发现了动物的异常："城里的老鼠、貂、蛇、蜈蚣和金龟子倾巢而出，它们一股脑儿逃出城，沿着大路一直向南。"动物为什么会在灾难出现之前行为反常，人们百思不得其解。

西方如此，东方亦然。日本是地震和火山多发的岛国，老百姓向来流传着观察鱼类活动预测危险的传统。1991年6月日本某火山喷发，《巴黎竞赛画报》常驻日本的记者用这样的句子开始他的报道："鱼缸里一旦发生骚动，必然预示着灾难将临。我看到六须鲶发了疯似的围着鱼缸四壁打转，快得像颗流星。每当看到这种现象，人们就会明白危险近在眼前……在日本，人们很早就懂得通过观察六须鲶的活动预测地震和火山活动。六须鲶在鱼缸里闹得越厉害，灾难的破坏力就越大。"

有的科学家推测，有些动物的听觉比我们人类发达灵敏。比如大象，它可以听到海啸袭来前的滔滔巨浪。1984年，供职于美国波特兰动物园的动物学家凯蒂·佩恩观察到，大象周围的空气"会发出某种有规律的震颤"。她通过仪器分析这些空气震颤的波长和频率，试图揭开大象能够预感外界危险来袭的原因。为了证实自己的推测，她在肯尼亚和埃塞俄比亚一呆就是十年。她的研究发现，"通过位于长鼻和颅骨衔接处的鼻窦，大象可以发出20分贝高的颤音。如果没有障碍物阻拦，这种颤音可以被80千米之外的另一头大象感知到。如果中间隔着障碍物，其传播范围也可以达到方圆10千米。"每当危险降临，大象就会发出刺耳的尖叫，扇动双耳，竖起鼻子，甚至拔腿逃命。

关于动物的这些异常的行为，还需要科学家的进一步研究。

植物之谜

　　植物是生物界中的一大类。一般有叶绿素，没有神经，没有感觉。分藻类、菌类、蕨类、苔藓植物和种子植物，种子植物又分为裸子植物和被子植物，有30多万种。在这众多的种类中，有很多是神奇的，是科学家一直在探索的。

陆地上最早的植物是什么

大家知道，地球上最早的生命诞生在海洋里，后来才逐渐"爬"上了陆地。可是，哪一种植物是最先登上陆地的呢？一涉及到这个具体问题，分歧就大了。

有人认为最先登陆的是裸蕨类植物，其理由是这种植物有维管束，可以把水分输送到植物体的各个部位，供叶片进行光合作用和蒸腾作用。持这种观点的科学家认为，自从裸蕨类植物出世500万年以后，便朝着两个方向发展：一类是工蕨属挺水植物，在长期进化过程中，把光秃无叶的枝茎表面细胞突出体外，像突起的鳞片，逐渐变成小叶型的楔叶类植物；另一类是莱尼属植物，

▲ 苔藓

它是生长在沼泽地中的半陆生植物，逐渐朝着大叶型方向演化，最后形成真蕨类植物和种子植物。

有人认为最早的陆生植物应该是苔藓。持这种观点的人认为，陆地上最早的植物比较原始，不一定非有维管束不可。尽管苔藓植物的体内结构比较简单，输导组织不发育或不甚发育，但是，植物界从苔藓开始已出现颈卵器与精子器，这是一种保护生殖细胞的复杂的有性生殖器官，尤其是在颈卵器中能发育成幼态植物——胚，胚才是陆生植物特有的象征。

有人认为最早登陆的植物是藻类。持这种观点的人着眼于植物的光合作用。科学家们从藻类中已经发现叶绿素、藻黄素、藻红素和藻蓝素等多种光合色素，其中绿藻门类植物所含的色素种类及组成比例与陆地植物的光合色素比较一致，而且细胞内的贮藏物质也都是淀粉。他们由此推论，最先登陆的植物应该是绿藻门类。

以上种种假说，还都有不能自圆其说的地方，要想知道究竟是谁最先登陆，还需要有力的证据。

▲ 雄蕨

种子的寿命有多长

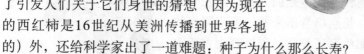

我国考古工作者曾在西汉古墓里发现了西红柿的种子，它们距今已有二千多年了。四川成都市博物馆的考古学家，对这批种子进行了栽培实验，没想到它们竟奇迹般地成活了。它们发芽，开花，结果，结出的西红柿跟现在的相比，没什么两样。这个无可辩驳的事实，除了引发人们关于它们身世的猜想（因为现在的西红柿是16世纪从美洲传播到世界各地的）外，还给科学家出了一道难题：种子为什么那么长寿？

然而，这些西红柿种子还不是种子里最长寿的。1973年，我国考古学家在河南郑州大河村的仰韶文化遗址中，发现了两枚古莲子，它们已有5000年的历史了，是国际上公认的迄今为止发现的最长寿的种子。它们在考古学家的精心培育下，发了芽，开了花。

▲ 菟丝子的种子

植物种子的寿命长短不一，一般来说，能存活15年的已经算是长寿了。大多数热带植物的种子，从母体中取出35小时后，就失去了发芽的能力。一些野生谷物的种子，最多只能存活几个星期。那么，为什么有些植物的种子能存放那么长时间呢？

科学家认为，莲子是一种坚果，它外面包着的果皮是一层坚韧的硬壳，能保护里面的种子。莲子的果皮组织中含有一种特殊的细胞，能使果皮完全不透水。所以，种子里的水分能保持很长时间。这就是它长寿的秘密。

但是，用这个说法解释不了西红柿种子长寿的原因。科学家希望通过对这些古老种子的研究，揭示植物种子的秘密，从而达到延长部分植物种子寿命的目的，为农业生产服务。

无籽瓜果是怎么来的

在炎热的夏天，你一定常吃西瓜解渴，可在瓜瓤里布满了瓜籽，吃起来既麻烦，又难以品出瓜的滋味。瓜果中要是没有籽，那该多好呀！

瓜果中为什么会有籽？籽有何用呢？瓜果中的籽，就是种子。瓜果有了种子才能传宗接代。有趣的是，有些瓜果则是无籽的。说到无籽的瓜果，你可能会想到香蕉，其实香蕉并不是生来就无籽。在植物世界里，有花植物开花结籽，这是自然规律。香蕉属于有花植物的一种，所以，它也会开花结籽。那为什么人们在吃香蕉时吃不到籽呢？这是因为我们现在吃的香蕉是经过人工改良，长期培育出来的。原来野生的香蕉不仅有籽，而且那些籽还很硬，所以野生香蕉吃起来很不方便。后来，经过人工长时期培育、选择，香蕉才改变了结籽的本性，逐渐成为了不结籽的三倍体植物（开花结籽的都是二倍体植物）。如果你在吃

▲ 香蕉

香蕉时注意观察一下，还可以从果肉里看到一排排褐色的小点，这便是种子退化留下的痕迹。

现在无籽西瓜的问世，也解除了人们以往吃西瓜要吐籽的烦恼。这西瓜从有籽到无籽的秘密在哪里呢？如果你以为是变异而来的，那可就错了。无籽西瓜不是由

▲ 无籽西瓜

植株变异来的，而是科学家特殊培育的结果。

在科学发达的今天，人们已经培育出了许多无籽瓜果，这是人类认识自然、改造自然的结果。随着科学的发展，人们将会品尝到更多的无籽瓜果。

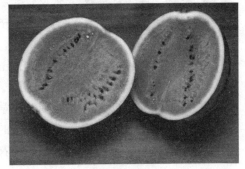

▲ 有籽西瓜

植物神秘的心灵感应

英国工程师乔治·德拉瓦尔和他的妻子马乔里发现，通过一套棱镜系统把辐射

▲ 非洲木棉

能聚集到患病者或发育不良的植物上，可以影响这些植物的生长。直接对植物进行放射，或通过叶子，甚至仅仅是照片，把能量集中成束状射向植物，都可得到同样的结果。这件事，德拉瓦尔本人也弄不明白究竟是设备、照片的辐射，还是某个特殊的操作者，或者是所有这些因素的总和在发挥作用。

德拉瓦尔夫妇还发现，从某株植物上切下的树枝在地下生根后，新生的植物可从"母体"的射线获得营养。如果把母体植物连根焚烧掉后，他们发现没有母亲的树，就不如那些"母体"还健在的树长得那么旺盛。他发现，母体植物即使离其子树很远，也能为它提供"保护"，母树可以在另一个城市、另一个国家或在地球上的任何天涯海角。

▲ 小麦苗

英国一位名叫伯纳德·格拉德的科学家曾做过这样一个实验：他从医院里挑选了一位患神经反应迟钝症的26岁妇女，一位患精神忧郁症的37岁男子，还有一位52岁的健康的男子，让他们每人握一杯水，握30分钟，然后用三杯水浇灌植物，看哪个长得更快一些。他发现用正常的人握过的水浇灌的小麦的生长速度，明显快于神经病患者握过的水或普通水浇灌的小麦，浇灌了精神病人握过的水的小麦长得最慢。奇怪的是，浇了神经病患者握过的水的植物，比浇了未经任何处理的正常水的长得要快一些。格拉德注意到，当精神病患者手握密封的水瓶时，精神病患者没有任

▲ 妇女在田间修剪枝条

何反应或表情。可神经病患者握瓶时，患者立即询问这样做要干什么。当被告之后，她的反应是对此感兴趣。所以，她像妈妈对待孩子似的把瓶子放在膝盖上，慢慢地摇晃着。格拉德得出结论说："获得这一实验结果的重要因素，并非她的基本身体状况，而是她握住瓶子时的情绪。"他指出，处理这种溶液时的压抑、急躁或敌对的情绪，都会使该溶液阻碍植物细胞的增长。

如果一个人的情绪可以影响到手中的水，那么很自然就会想到，厨师或家庭主妇的情绪将影响其烹饪的食物的质量。还可联想到，在许多国家，月经期的牧牛女不允许进入做奶酪的地方，因为她们被认为可能对微生物产生不良影响。同样，月经期的妇女还被认为，不宜于制作罐装的易腐烂食物和采摘花朵。如果格拉德的实验是正确的话，那么即使不是月经本身，而是因为某些妇女因月经产生的低沉情绪，都会产生这种不良影响。

关于心灵感应，人们已经观察到、测量到和意识到了，但如何解释这种现象，至今还是个谜。

植物长生不老之谜

在世界各地，到处可见年龄达数百、数千岁的老树，而在动物界，即使是被视为长寿象征的乌龟，顶多不过能活几百岁。为什么植物的寿命远比动物的长呢？

在春天撒下牵牛花的种子，到了夏天便会盛开花朵并结成种子，入秋之后立即枯萎。依此看来，牵牛花的寿命只有半年。如果把萌芽的牵牛花一直放在暗处使它照不到光线，它在刚刚长出双子叶还没有抽蔓时就开花结果，进而枯萎。这时，它的寿命只有短短几个星期而已。但是，如果把牵牛花移入温室，一到夜晚就点亮电灯保持光亮，它将始终不会开花，而是一个劲儿地伸蔓长叶，持续生长好几年。

由此看来，牵牛花好像可以"随

▲ 水杉

意"改变一生的长度,没有固定的寿命。

人类或者动物,只要是相同的物种,都会以大致相同的速度成长:性成熟,产子,随年龄的渐增而老化,最后以既定的寿命结束一生。但是,植物却能够在一生的各个阶段休眠一阵子:比如冬天停止代谢,春天再开始生长。从同一棵草木上同时掉落地面的多粒种子,有的第二年立刻发芽,有的则躲在地下休眠数年乃至数十年,有些种子甚至经过几百年之后才发芽。

植物和动物都靠繁衍子孙而使生命延续。动物的繁殖需要精子和卵子的结合,即使是"克隆"也需要有卵细胞或者胚胎细胞的参与。而植物却可以借助自身细胞(单细胞)来繁殖,它不停地分裂,"永不死亡"。森林火灾常常把满山遍野的植物烧成一片惨状,但一到次年的春天,烧焦的树干上可重见稀稀疏疏的新绿。1963年,英国的史基瓦德切下一小块胡萝卜放在培养液中,不久,胡萝卜块中有不少细胞游离出来,将这些细胞放到培养基上,

▲ 年复一年盛开的牵牛花

▲ 具有顽强生命力的小草

火灾常常把满山遍野的植物烧成一片惨状,但一到次年的春天,烧焦的地面上可重见稀稀疏疏的新绿。

细胞开始增殖，在试管中长成了整个的胡萝卜。

史基瓦德首次证明了构成植物体的每一个细胞都具有再度发展成新个体的能力，而这一点，人或者动物都是做不到的。

世界上寿命最长的植物—水杉，可以活4000年以上，在美国，甚至有成片的长寿林。而世界上寿命最长的人，只可以活120岁左右。

植物和动物从生命的起源来看，完全是同祖同宗的，但其后代为何会有如此大的差别呢？植物长寿的原因究竟是什么呢？它们会给人类什么样的启示呢？

植物为什么会被"绞杀"

在我国西南边陲的西双版纳密林中，经常可以看到绞杀植物毁坏参天大树的情景。别看那参天大树气势雄伟，一旦被绞杀植物缠住，就像得了不治之症一样，最终都逃脱不了死亡的命运。

参天大树是怎样染上这种"寄生病"的呢？俗话说，"病从口入"。可是大树没有嘴巴，"寄生病"又从何而入呢？原来这个"口"不在大树身上，而是森林中飞鸟的口。例如，当榕树的果实成熟的时候，林子里的飞鸟会相互啄食，但是，果实里的种子只是在鸟儿们的肠胃里"旅行"了一圈，并没有被消化掉。当鸟儿们在树林里休息、嬉戏的时候，未曾消化的种子就随着鸟粪撒落在树干或树枝上。这些种子有着高超的本领，不用入土就可萌芽生长。它们长出的根很特殊，能悬挂在空中，被称为气生根。这些气生根有的顺着大树（寄主）"爬行"，有的悬挂半空，慢慢垂入地面，扎入土中。入土的气生根便从土壤中汲取养料和水分，滋养小苗。随着小榕树的长大，气生根越来越多，越长越粗，纵横交错，结成网状，将寄主的树干、树枝团团包围起来，而且紧紧地箍住大树的树干。于是，一场你死我

▲ 独木成林

活的"争夺战"开始了。

参天大树碰上绞杀植物之后，总想挣断绞杀植物的束缚，但已无济于事。绞杀植物很是厉害，施展开唐僧的"紧箍咒"，网眼状的根越长越粗，死死勒住寄主的树干不放，把大树勒得"喘"不过气来。不但如此，它们还依靠扎入土中的气生根和附生根，拼命地夺走寄主的养料和水分。它们繁茂的枝叶越过寄主的树冠，与寄主争夺阳光。参天大树一旦得上这种"寄生病"，就甭想有生的希望了。这场树与树之间的斗争日复一日、年复一年地进行下去，结果是大树被弄得筋疲力尽，逐渐衰退，而绞杀植物却根深叶茂，欣欣向荣。参天大树就这样被绞杀植物"杀"死了。

植物缠绕方向之谜

我们所熟悉的牵牛花、金银花等攀援植物都有一套非凡的本领，就是能够依附支架，利用茎尖的"运动"不断向上攀爬。拿牵牛花来说，其茎顶端10～15厘米的一段，由于各个方向的表面生长速度不一致，能在空间不断改变自己的位置，而且始终以一定的方向旋转着，并以此为半径，在一圆周内遇到依附物后，就会把依附物缠绕起来，攀向高处去争取阳光和雨露。

有趣的是，大多数植物的"攀援运动"

▲ 菟丝子

是有一定方向的，如金银花、菟丝子、鸡血藤等始终是向右旋转，牵牛、扁豆、山药等向左旋转，而何首乌却是"随心所欲"地时左旋，时右旋。

▲ 金银花

科学家对植物旋转缠绕的方向性作了深入研究，最新研究表明，攀援是由它们各自的祖先遗传下来的本领。远在亿万年以前，有两种攀援植物的始祖，一种生长在南半球，一种生长在北半球。为了获得更多的阳光和空间，使其生长发育得更好，其茎的顶端就随时紧紧朝向东升西落的太阳，这样，生长在南半球的植物的茎就向右旋转，生长在北半球的植物的茎则向左旋转。经过漫长的适应、进化过程，它们便形成了各自旋转缠绕的固定方向。以后，它们虽被移植到不同的地方，但其旋转缠绕的方向特性被遗传下来而固定不变。而起源于赤道附近的攀援植物，由于太阳当空，它们就不需要随太阳转动，因而其缠绕方向并不固定，可随意旋转缠绕。

植物也能"作证"吗

　　美国纽约一位精通植物"语言"的柏克斯得博士发现，每当有凶杀案在植物附近发生时，生长着的植物便会产生一种特殊的"愤怒"反应，并能记录下凶杀过程的每个细节，成为一个不为人注意的现场"目击者"。对此柏克斯得博士曾进行过多次试验。在一盆仙人掌前，组织几个人搏斗，结果，接在仙人掌上的电流会把整个过程记录下来，变成电波曲线图。通过分析电波曲线图，就可了解打斗的全过程。

▲仙人掌和仙人球可以真实地记录发生在现场的活动

　　春暖花开，植物花朵上的雄蕊成熟后，便释放出大量花粉，四处飘散。一粒花粉孕育着一个彩色的生命。花粉外壳由孢粉素构成，高温、高压、酸碱都奈何不了它。如在此时作案，花粉就成了"见证人"。

　　移尸灭迹是杀人犯的惯用伎俩。侦破此类案件，第一现场是重要的突破口。有一次，奥地利维也纳有一个人沿多瑙河旅行时失踪了，当局派出快艇和直升机搜索、打捞，都没有找到尸体。后来，警方逮捕了一名嫌疑犯，但他矢口否认与此有任何牵连。正当一筹莫展之际，神秘的花粉研究专家出现了，他对嫌疑犯鞋上的泥土进行花粉分析，发现很多松树花粉，经查对，这样的奇异花粉来自维也纳南部的一个地方。当警方突然向他指出，谋杀就发生在该地时，他大为震惊，不得不供出了埋藏尸体的地方是在多瑙河附近一片荒僻的沼泽地区。

奇异的植物繁殖

目前，植物学家已经对1000多种高等植物作了离体培养的尝试。实践证明，利用离体培养的方法，单个植物细胞完全能长成一群细胞，最终培育成完整的植物。

自从1865年，英国物理学家罗伯特·胡克在显微镜下看到了软木的死细胞以来，人们对植物细胞已经作了相当详细的研究。

20世纪50年代，美国科学家斯蒂瓦特用胡萝卜根部细胞，在培养基中首次成功地培养出完整的胡萝卜植株，开创了植物细胞和组织培养的新纪元。

单个植物细胞为什么能分成根、茎、叶、花、果实和种子等器官呢？这是因为，所有的植物细胞都是由受精卵分裂产生的，受精卵

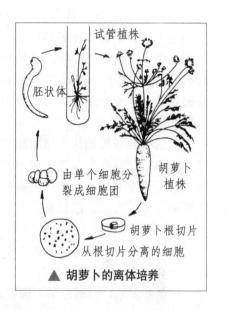

▲ 胡萝卜的离体培养

含有植物所特有的全部遗传信息，因此，虽然植物体内细胞的外形、结构、生理特点不尽相同，但它们都具有相同的、完整的遗传物质。环境的束缚使它们不得不表现出特定的形态和功能，一旦脱离母体，摆脱束缚，它们就可能在一定的营养和激素作用下激发原先的遗传潜力，使细胞分化出组织、器官，最后发育成完整的新植株。

人们还注意到：在不同时期必须给离体细胞不同的环境，这样才能使细胞按照一定的程序长成完整的、具有一定形态和生理特性的植物。然而，并不是所有的植物细胞在离体培养时都能发育成新个体。

科学家认为，这跟培养基和激素的类型、取用细胞的部位以及光照、温度等条件有关。当前，人们只是根据经验和偏爱选择离体细胞的培养条件，等到摸索出科学规律后，离体细胞的培养就将更成熟。到那时，所有植物细胞都能培养出完整的植株了。

独木能否成林

俗语说，独木不成林。然而，在植物世界里却有一种植物能独木成林。

在广东省新会县有一个著名的"鸟的天堂"，因为这里有一片茂密的树林，占地约6000平方米，栖息着许多的鸟儿。然而这片树林却是由一株榕树长成的。这株巨榕至少已有300多年的历史了，树冠下面树干密布，且长得很粗壮，以至于现在人们都分不清哪根是主干哪根是枝干了。

在云南西双版纳热带植物园的中心，有一棵大榕树，它有许多扎进土壤中的气生根，共同支撑着繁茂的枝叶。靠气生根的支撑，枝干向周围延伸了很远，以致遮阳面积达2000平方米左右，可以容纳几百人在树下乘凉。

▲ 独木成林的榕树

在孟加拉国的杰索尔地区，有一棵闻名遐迩的榕树。它的树龄达900余年，有600多根支干，树高40多米，树冠巨大，投影面积达2.8万平方米左右。

大榕树为什么能独木成林呢？

榕树生长在高温多雨的热带、亚热带地区，它枝叶繁茂，终年常绿。榕树有个与众不同的习性，在它的树干、枝条上会往下长出像胡须一样的气生根。这些气生根生长到一定时候，就可以接触到土壤，慢慢地，气生根越长越粗，形成了一根根枝干。这些枝干既可以支撑着巨大的树冠，同时，也可从土壤中吸收养分和水分，

▲ 榕树的巨大树冠

有些空心的老树为什么还能活

　　我们常常可以看到有些年久的老树，它的树干是空心的，可是枝叶仍旧那么茂盛。

　　树干空心了，树木为什么还会活呢？这是因为树干空心对树木并不是一种致命伤。树木体内有两条繁忙的运输线，生命活动所需要的物质靠它们秩序井然地向各个部门调运。木质部是一条由下往上的运输线，它担负着把根部吸收的水分和无机物质输送到叶片去的任务，皮层中的韧皮部是一条由上往下的运输线，它把叶片制造出来的产品——有机养分运往根部。这两条运输线都是多管道的运输线，在一株树上，这些管道多到难以计数，所以，只要不是全线崩溃，运输仍可照常。树干虽然空心，可是空心的只是木质部中的心材部分，边材还是好的，运输并没有全部中断，因此，空心的老树仍旧照常生长发育。山东有棵数百年生的老枣树，空心的树干可容一个人避雨，枣树还年年结果呢！

满足繁多的枝叶生长的需要。

　　随着气生根数量的不断增多，以及气生根的不断变壮，为树冠向四周的延伸提供了必要的条件，因此，经过长久的时间，一棵榕树就变成了一片树林。

铁树真的要千年才开花吗

　　民间相传"铁树60年一开花"。铁树开花真是如此之难吗？

　　铁树的花不同于我们常见的花，它没有绿色的花萼，也没有招引昆虫的美丽花瓣。铁树雌雄异株，雄花雌花分别长在不同植株上。

　　铁树树龄可达200年。一般有10年以上树龄的铁树，在良好的栽培条件下，能经常开花。所以，"铁树60年一开花"并不准确。

　　相传铁树发育，需要土壤中的铁成分供给。如果铁树逐渐衰弱，加入铁粉便能恢复健康；以铁钉钉入茎干内，效果也相同。

▲ 铁树

这便是铁树名称的由来。但正如对铁树开花有误传一样，此种方法是否确实有效，仍需加以进一步证实。若你有机会的话，不妨一试。

树木越冬之谜

　　大自然里有许多现象是十分令人惊奇的。例如，同样从地上长出来的植物，为什么有的怕冻，有的不怕冻？更奇怪的是松柏、冬青一类树木，即使滴水成冰的冬天里，依然苍翠夺目，经受得住严寒的考验。其实，不仅各式各样的植物抗冻力不同，就是同一株植物，冬天和夏天的抗冻力也不一样。北方的梨树，在−20～−30℃能平安越冬，可是在春天却抵挡不住微寒的袭击。松树的针叶，冬天能耐−30℃严寒，在夏天如果人为地降温到−8℃就会冻死。

▲ 冬青

　　什么原因使冬天的树木变得特别抗冻呢？原来，树木为了适应周围环境的变化，每年都用"沉睡"的妙法来对付冬季的严寒。春夏树木生长快，树木养分消耗多于积累，因此抗冻力也弱。但是，到了秋天，夜间气温低，树木生长缓慢，养分消耗少，积累多，于是树木越长越"胖"，嫩枝变成了木质……逐渐地树木也就有了抵御寒冷的能力。然而，别看冬天的树木表面呈现静止的状态，其实它们的内部变化却很大。如果将组织制成切片，放在显微镜下观察，还可以发现平时一个个彼此相连的细胞，这时细胞的连接丝都断了，而且细胞和原生质也离开了，好像各管各一样。当组织结冰时就能避免细胞中最重要的部分——原生质不受细胞间结冰而招致损伤的危险。可见，树木的"沉睡"和越冬是密切相关的。冬天，树木"睡"得愈深，就愈忍得住低温，愈富于抗冻力；反之，像终年生长而不休眠的柠檬树，抗冻力就弱。

　　在公园里、校园里以及许多道路和庭院的绿化树、果树树干下部刷成白色。为什么呢？植

▲ 庭院树木刷白灰防冻

物在冬季涂刷白剂，一方面预防寒冷，另一方面预防病虫害。白天热，晚上冷，并且冷热差异很大，植物最容易受害，比我们生冻疮还严重。植物刷白剂，可以反射白天的太阳光和各种辐射，避免植物体内温度过高，大大减弱了白天与晚上的温度差异，避免植物受到突然变温的伤害。同时，刷白剂具有隔热效果，就像我们的手和脸涂防冻霜和护肤霜一样。另外，秋后初冬，许多昆虫喜欢在老树皮的裂缝中产卵过冬，刷白剂对许多害虫有杀灭作用。

树木生存的奥秘

对人类来说，树木的生存方式有许多值得研究的地方。通过对这些奇异方式的了解，人类可以有所借鉴，改变自己的生活。

绿叶是"化学工厂"

进行光合作用的绿叶就像是一座"化学工厂"。工厂的入口是树叶底部的气孔。二氧化碳从这气孔进入绿叶内部，生成的氧气则从这些气孔排出叶外。绿叶工厂中还有一道道运输线即叶脉，正是叶脉将糖分和水分在树叶与树枝、树干之间来回传输。同时叶脉还起着支撑的作用，将

▲ 树叶进行光合作用，制造氧气。

一片片绿叶撑开来，不让其萎缩。含有叶绿素的叶绿体则是工厂的"车间"，这里忙碌地进行着光合作用。这座精巧的"化学工厂"，比起人类建造的工厂，丝毫不逊色。

▲ 树干是天然抽水机

树干是"抽水机"

几十米高的大树，它的树尖生长的绿叶，所需要的水分是怎样从地下运输出来的呢？显然，树木内部不会有人类发明的水泵，而树干本身便是一台天然的"抽水机"。树干这台"抽水

175

机"克服地心引力，将水分抽往高处的原理并不复杂，但却令人叹为观止。其实，树干抽水利用的是毛细管吸水的原理。水分具有吸附于物体表面的特性，当水分处于毛细管中时，它会有往上爬行的趋势。严密的树干之中，其实充满着无数毛细管，这些毛细管从底部一直延伸到树叶的表面。当树叶表面的水分蒸发时，下边的水分便自动补上来，这种循环过程，使得树干底部的水分被高处的水分牵引着，最终抽到树干的顶端。

根是"水源探测仪"

树干底部的水分又是从何而来的呢？它来自深入土壤之中的根系。根系的主要作用除了吸收水分之外，还包括吸收养料、固定树干和吸收氧气。固定树干的任务主要由直根和侧根担任。直根深深地扎入地底；侧根则由直根向四面八方伸展开来，起到稳固树干的作用，同时也负责吸取氧气。吸收水分和养料的工作很大程度上由吸收根进行。这种吸收根位于侧根的尾端，多如牛毛。根系的奇异之处，在于它能够自动寻找水源。水源充足的方向，会有更多的根伸过去，吸取水分。树木的根如同长了眼睛一般，能在黑暗的土壤之中精确地判断出水源的所在。根的这一特异之处，引起了植物学家的注意。他们希望通过研究根系寻找水源的方法，来弥补人类在寻找水源方面的不足。

年轮之谜

人有年龄，那么树木呢？树也有年龄，这就是它的年轮。树在锯倒之后，在树墩上可以看到许多同心轮纹，一般每年形成一轮，故称"年轮"。年轮是怎么形成的？它又是怎样把大自然的变化记录在身的呢？

植物生长由于受到季节的影响而具有周期性的变化。在树木茎干韧皮部的内侧，有一层细胞特别活跃，分裂快，能形成新的木材和韧皮部组织，这一层称为"形成层"，树干增粗全是它活动的结

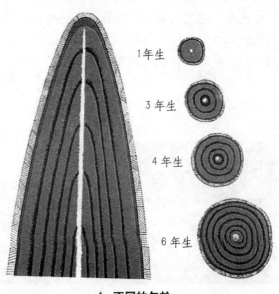

▲ 不同的年轮

果。春夏两季，天气温暖，雨水充足，形成层的细胞活动旺盛，细胞分裂较快，向内产生一些腔大壁薄的细胞，输送水分的导管多而纤维细胞较少，这部分木材质地疏松，颜色较浅，称为"早材"或"春材"。夏末至秋季，气温和水分等条件逐渐不适于形成层细胞的活动，所产生的细胞小而壁厚，导管的数目极少，纤维细胞较多，这部分木材质地致密，颜色也深，称为"晚材"或"秋材"。每年形成的早材和晚材，逐渐过渡成一轮，代

▲ 年轮的宽窄说明年景的好坏，年景好年轮长得较宽，年景不好年轮就很窄。

表一年所长成的木材。在前一年晚材与第二年早材之间，界限分明，成为年轮线。

年轮——树木这种独特的语言，不仅能为人们提供树木的年龄，还能记录和提示很多自然现象。从树桩、木块及大树身上可以看出年轮的宽窄。树木每年的生长在很大程度上取决于土壤的湿度：水分越充分，年轮越宽。通过对同一地区树木年轮的比较，可以分辨出每圈年轮的生长年代。然后，可以划分出每圈年轮所代表的确切日期。但是，树木为什么会有年轮，这个问题至今无人能解。

蝴蝶树之谜

大理古城位于苍山洱海之间的坝区，西倚一字横列的苍山，东濒碧波荡漾的洱海。苍山雄伟壮丽；洱海清澈如镜，加之坝区的田园风光，构成了优美绚丽的高原景观，这山山水水之间所包含的丰富的历史文化遗存和民族风情，使大理古城更富灵气和魅力。大理是我国西南边疆开发较早的地区之一，远在四千多年前，大理地区就有原始居民的活动。现在，大理是我国有名的旅游城市。大理还有个美丽的蝴蝶泉，是名扬中外的旅游胜地。可提起"蝴蝶树"就鲜为人知了。它

▲ 大理蝴蝶泉

也在云南境内，是宾川县米汤乡小鸡山前的一棵大树。每年的端午节前夕，就有成千上万只彩蝶从四面八方飞来，聚集在这棵树上。不到两天，成团成串的彩色蝴蝶就挂满枝头，随风微微颤动，把树枝坠成弯月形。这时候，在满山青松绿叶的衬托下，这棵"蝴蝶树"就像盛开在万绿丛中的一朵鲜艳的花，特别好看。如果有人摇一下树干，树上的彩蝶就会铺天盖地飞舞起来，如同漫天花雨，五彩缤纷，绚丽无比。但飞起的蝴蝶并不离去，很快又重新落到树上，好像对这棵树有难分难舍之情，它们要在这里聚集几天之后才逐渐离去，这种现象，人们一直无法解释。

"风流草"为何会跳舞

在菲律宾、印度、越南以及中国云贵高原、四川、台湾等地的丘陵山地中，生长着一种能翩翩起舞的植物，人们叫它"风流草"。"风流草"何以起舞？植物学家普遍认为与阳光有关，有光则舞，无光则息，就像向日葵冲着太阳转动一样。具体深入研究，还有各种分歧。有的观点认为是植物体内微弱电流的强度与方向的变化引起的；有的观点认为是植物细胞的生长速度变化所致；也有的观点认为是生物的一种适应性，它跳舞时，可躲避一些愚蠢的昆虫的侵害，再就是生长在热带，两枚小叶一转，可躲避酷热，以珍惜体内水分。"风流草"究竟为何昼转夜停，仍存在着很多疑问，要解开这个谜还需要植物学家们继续深入探索。

▲ 正在舞动的"风流草"

阳光下的舞蹈

"风流草"名曰"草"，实际上是一种落叶小灌木。它一般高15厘米，茎圆柱状，复叶互生。它的叶子由三枚小叶组成，中间一叶较大，呈椭圆形或披针形，两边侧叶较小，呈矩形或线形。"风流草"对阳光非常敏感，一经太阳照射，两枚侧小叶会自动地慢慢向上收拢，然后迅速下垂，不停地画着椭圆曲线，不倦地来回旋转。这种有节奏的动作就像舞蹈家舒展玉臂，翩翩起舞。"风流草"跳起"阳光下的舞蹈"真是不知疲倦，傍晚时分它才停息下来。有趣的是，一天中阳光愈烈的时候，它旋转的速度也愈快，一分钟里能重复好几次。

死而复生的草

你听说过有一种能死而复生的植物吗？蕨(jué)类植物中的卷柏就有这种本领。将采到的卷柏存放起来，叶子因干燥而蜷缩成拳状，猛一看，似乎已经死了。可是，一旦遇到水分，它又可以还阳"复活"，蜷缩的叶子又重新展开。如果把它栽在花盆里，过一段时间又可长出新叶。卷柏并不大，高不过5～10厘米。主茎

▲ 卷柏

短而直立，顶端丛生小枝，地下长有须根，扎入石缝中间，远远看去很像一个个小小的莲座。卷柏为什么具有死而复生的本领呢？

经科学家研究发现，卷柏细胞的原生质耐干燥，脱水的性能比其他植物强。一般的植物经不起长期干旱，细胞的原生质长期脱水而无法恢复原状，细胞就因此而干死。卷柏则不同于一般植物，干燥时枝条卷缩，体内含水量降低，获水以后原生质又可恢复正常活动，于是，枝条重新展开，再显出生机勃勃的样子来。

▲ 干卷柏

会捕猎的草

　　捕蝇草是美国南、北卡罗来纳州的土产，属许多食肉植物中的一种。它靠把动物的蛋白质消化成简单的可溶氨基酸为生。它的叶子长在中间，它那像丝一样的叶子平时是伸展着的，露出鲜红的叶心，当昆虫落在它的上面时，那伸展的叶子立刻就会合起来，紧紧地夹住昆虫，而后这种植物的消化液便在小昆虫身上起作用。

　　捕蝇草从捕捉昆虫到把它消化这一过程通常要10天，而后再次张开，把不能消化的部分（如翅膀和鳞片）排除掉。

　　猪笼草是维纳斯捕蝇草的近亲，生长在美国北方，有一个不大、形如水罐子的囊袋从它的叶间长出。当小昆虫被它的气味诱入圈套、爬过光滑的罐口时，往往失足掉进罐底。袋内生长的浓密硬毛使得这个牺牲品无法爬到罐外，并且很快死于有毒的消化液中。

▲ 捕蝇草正在进食。

　　最高明的杀手或许要数狸藻了。狸藻通常生长在热带地区的池塘，或流动缓慢的小溪流里，或扎根于淤泥，或逐风而飘。它的叶细长，有多个叶面，每片叶上都长有一打(12个)左右的小袋囊。这些小袋都是捕捉器，入口是一个只能从外面推进而无法从里面推开的门，昆虫从这里被吸进去。

　　不是所有捕捉昆虫的植物都有机械装置，比如毛毡(zhān)苔便是用"捕蝇纸"捕捉虫子的。北美、澳大利亚和南非的毛毡苔是一种有甜味的植物，它的花能杀死粗心大意的昆虫。它的针垫中部有黏性很强的胶，昆虫一旦飞在上面就会被紧紧粘住。然后，闪闪发光的针头弯下来把昆虫缠住——毛毡苔就开始它的美餐了。

▲ 捕蝇草

花的特殊本领

报时花

在我国青海、新疆有一种能报时的花。春夏之际，在青海湖畔和新疆的玛纳斯草原，到处盛开着艳丽的花儿。橙红色的蝶花在中午时开，淡黄色的花在早晨8点左右开。

报雨花

在新西兰有一种报雨花。当空气中的湿度升到一定值时，它的花瓣就萎缩包卷起来；而当湿度降到一定程度时，它的花瓣又会慢慢地伸展开来。当地居民们出门时总要先看看它，如果花开得很精神，就预示着不会下雨；如果花萎缩不展，就说明要下雨了。

会放火的花

在南亚大森林区，许多年来一直发生着神秘的纵火案，大火将一片又一片森林烧毁，而放火的人却一直没被抓获。后来，化学家们破了这个案。原来在这片大森林区，生长着一种名叫"看林人"的花，这种花的花朵和茎叶内含有一种挥发性物质，这是一种极易起火的芳香油脂物质，当森林中空气干燥灼热时，它就会无火自燃，造成火灾。

▲ 火鹤花

会报警的花

印度尼西亚有一种能预知火山爆发的花。每当它开花之后，当地便会发生火山爆发。因此，当岛上居民见到这种花开放时，就搬到安全的地方，以躲过灾祸。人们就叫它为"会报警的花"。

魔术花

我国广西桂北山区有一种罕见的花卉植物，当地人称它为"魔术花"。这种花每到春季就长出形似桂花的小花苞，4～5月间，每棵树约有六七百朵花相继开放。最为奇特的是，这种花从花开到花谢阶段会有规律地喷射出一个个白色的、直径约3厘米的环形烟雾，喷到20厘米长才消散。而后花朵就由红晶体变成透明的水晶花。

这种奇观每年一般可持续40天之久，直到花朵完全凋谢为止。

植物可不可以自卫

人和动物在遭到威胁时，都会进行自卫，那么植物可不可以自卫呢？

美国东北部生长着大片橡树林。1981年，一种叫舞毒蛾的森林害虫大肆蔓延，把4万平方千米橡树叶子啃食得一点不剩，橡树林受到了严重危害。可是，1982年，当地的舞毒蛾却突然销声匿迹，而橡树叶子却郁郁葱葱，生机盎然。这使森林科学家们感到

▲ 阿拉斯加森林

非常奇怪，因为舞毒蛾是一种极难捕灭的森林害虫，大面积虫害更难防治。而且，自从舞毒蛾为害以来，当地既没有派人捉虫，也没有施用杀虫药剂，舞毒蛾怎么会自行消失呢？通过分析橡树叶子化学成分的变化，科学家发现了一个惊人的秘密：在遭受舞毒蛾咬食之前，橡树叶子中含有单宁酸很少，而被咬食之后，叶子中单宁酸大量增加。单宁酸跟害虫胃里的蛋白质结合，使得叶子很难被害虫消化。吃了含大量单宁酸的橡树叶子，害虫浑身不舒服，变得食欲减退，行动呆滞，不是病死，就是被鸟类吃掉。依靠单宁酸这样奇妙的自卫武器，植物居然战胜了动物！

此外，在阿拉斯加也发生过这样有趣的事。1970年，阿拉斯加原始森林中的野兔繁殖非常迅速。它们啃食植物嫩芽，破坏树木根系，严重威胁森林的存在。

眼看大片森林就要遭到毁灭，这时，野兔却突然集体生起病来，有的拉肚子，有的病死，几个月之内，野兔数量迅速减少，最后在森林中消失了。野兔怎么会突然消失呢？科学家发现，森林中所有被野兔咬过的树木，在它们新长出的芽、叶中，都产生一种叫萜烯(tiē xī)的化学物质。就是这种物质使野兔生病、死亡，最终远离这片森林。

以上事实引起植物学家们的极大兴趣。森林战胜舞毒蛾和野兔，能不能算是植物的自卫呢？植物还能"互通情报"进行集体自卫！

植物是没有意识的，然而植物的这种自我保护行为却又像是有意识的，这是为什么呢？为什么植物普遍都有自我保护机制。

然而，有的植物学家不同意植物能够自卫的说法。他们认为，自卫是有目的的反应，植物没有神经系统，没有意识，不可能产生自卫行为。他们还指出，尽管人们发现了一些能产生抵抗物质的植物，但是种类并不多，还有许多植物并没表现出这种所谓的"自卫"能力。

植物有没有自卫能力？这一争论引起众多植物学家、生态学家的注意。使研究者们困惑不解的是，植物没有感觉神经，没有意识，它们是如何感知害虫的侵袭，又是如何调整体内化学反应，去合成一些对于自身生长代谢并无作用，却能使害虫不敢接近的化学物质？它们又是怎样散发和接收化学"警报"，协调群体抵抗害虫的"行为"呢？只有弄清这些植物生理学机理，才能最终解开植物自卫之谜。

▲ 橡树

"探矿植物"之谜

有的植物能帮助人们寻找地下的矿藏。这种植物因为生长时需要一定数量的某种金属元素，然后通过根吸收这种金属元素，再把这些金属元素输送到茎、叶、花、果实或种子中贮藏起来。由此，科学家得出结论：如果在某个地方生长着对某种金属有特别嗜好的植物，就说明该地区可能存在着某种金属矿藏。比如，英国地质学家伍德沃德发现，一种叫"和氏罗勒"的草必须长在含铜量很高的土壤中，才能生长得茂盛。后来人们在赞比亚的卡伦瓜地区看到了这种草，长得极其茂盛，经过勘探，地下果然有一个大铜矿，储

▲ 紫花苜蓿

铜量达9亿吨。因为锌草生长在含锌量较高的土壤中，也有人在德国亚琛(chēn)附近通过锌草发现了锌矿。

指示植物不仅能帮助人类找到矿藏，还能直接帮助人类采矿。比如人们在含硒(xī)量非常高的地区种植一些能大量吸收硒元素的紫云英，等紫云英长大以后，将它烧成灰，从中便可以提取硒。能帮助人类采矿的植物还有很多，如从海带中可以提炼出碘；从紫花苜蓿(mù xu)中可以提炼出钽(tǎn)；从一种名叫蓝液树的树液中可以提炼出镍(niè)。

能识别酸碱的植物

有的植物能指示土壤的酸碱度，或是对空气中的有毒气体反应非常敏感。比如，美国的环境学者发现，有一种叫唐菖(chāng)蒲的植物，对空气污染特别敏感。当空气中的氟(fú)化物达到一定的浓度时，它的叶子会因吸收氟过多而坏死，这就向人们发出了氟污染的报警信号。由于唐菖蒲对氟的敏感远远超过了人类，所以人们称它为"氟污染指示植物"。我国科学家发现，有一种叫芒其的植物，分布于我国长江以南，大量生长于酸性土壤的山坡上，是"酸性土壤指示植物"。它对生态条件的考察具有重要意

▲ 唐菖蒲

义。科学家还发现有的植物能指示土壤的黏度、湿度、水分平衡或其他一些化学成分，这些特性缘自什么，还有待发现。

森林功效之谜

森林对人类的生活起着至关重要的作用。它是天然的蓄水库，并能将积蓄的水通过树叶蒸发，变成水汽，再变成雨水滋润大地。有了森林，地面就不怕风吹水冲，水土也不易流失。森林还是气候的调节器，能吸收热量，降低气温。森林不仅是二氧化碳的吸收器和制造氧气的工厂，并能够滞留空气中的粉尘，消除烟雾，降低噪声……森林的好处真是数不胜数。森林还有许多功能正在被科学家不断地发现。

科学家还发现可以利用森林来治病，这就叫森林疗法。它像温泉疗法、海滨疗

法一样，具有治病健身的奇效。森林疗法靠的是森林中散发出来的"活力素"，这是一种萜烯(tiē xī)类物质，能够杀死空气中的细菌。科学家使用先进的仪器进行测定，发现森林中有100多种萜烯类有机化合物，分别具有消炎、消毒或缓泻作用。

森林的魅力也使人类开始流行一种时尚的健身方式，叫森林浴。它同水浴、光浴一起被认为是人类在大自然环境中的"三大健康浴"。所谓的森林浴，就是到森林中去，尽情地呼吸那里清新的空气，沐浴森林中柔和的阳光，放松精神，忘掉压力和不悦，并进行一些随心所欲的活动，诸如漫步、深呼吸或者放声歌唱等。这时，你会觉得头脑清醒，心旷神怡。这是因为森林中的树木在新陈代谢过程中产生了大量的负离子，这种负离子是一种"空气维生素"。它对人体很有好处，能改善心血管功能，调节神经系统。所以会使人感到心情舒畅，精力充沛，并能使机体的免疫力增强，以抵御各种传染病的侵扰。

森林是一个"天然氧吧"，对身体非常有益。所以，森林治疗已经得到了世人的大力推广，有的国家还开设了森林医院，专门收治那些因工作压力过重而导致身心发生障碍的人，或是需要大量负离子治疗的病人。

森林对于人类的作用还有许多，未能了解的功能也一定不少，还有许多未解开的谜团，有待于我们去探索和开发。

雷电是植物引起的吗

据统计，全世界所有的植物每年蒸发到大气里的芳香物质大约有1.5亿吨。它们都是迎着阳光飞走的，每一滴芳香物质都带有正电荷，把水分吸到自己的身上，水分就形成了一个水汽罩把芳香物质包在核心。就这样一滴滴、一点点地逐渐积聚，越聚越多，最终形成可以发出电闪雷鸣的大块乌云。地球各大洲的上空，每秒钟大约发生100次闪电。如果把闪电所释放的全部电收集起来，就可以得到功率为1亿千瓦的强大电荷。这正是植物每年散布到空中的数百万吨芳香油所带走的那部分能

▲ 蒲公英种子

量。植物把电能传给大气，大气又传给大地，而大地再传给植物。电就是这样年复一年、经久不停地循环着。

实验证明，所有植物的细胞都是一种特殊的电磁，因此整株植物总是不断地有弱电流通过。哪怕是一个最微小的幼芽，它能够生存的原因，也是因为有电流通过。当电子爬上肺草花的花冠，它身上的电就会发出信号，驱使它的蜜腺分泌出甜汁；含羞草的叶子一受到触动，它就会立刻卷起；当雨快到来时，蒲公英的花盘就会马上收拢；阿尔卑斯山的龙胆草，对天气变化感受得更为强烈。当乌云遮盖太阳时，花就会立即合拢；一旦太阳出来，它便立即开放。不过如果遇到阴晴不定的天气，那它可就要忙坏了。

上边的事例，说明植物是离不开电的。那么，植物和雷电有什么关系呢？雷电是植物引起的吗？

植物情报以什么方式传递

许多动物能够以不同的方式向自己的同伴传递一些信息，以表达自己的意愿等。而"植物王国"里也有信息传送吗？如果有，它们又是靠什么来传递信息的呢？

美国华盛顿大学的两位研究人员，用柳树、赤杨和在短短几个星期内就能把整株树叶吃光的结网毛虫进行实验。他们把结网毛虫放在一棵树上，几天内发现树叶的化学成分有了某种程度的变化，特别是单宁酸含量有了明显的增加。结网毛虫吃了这种树叶不易消化，于是，失去了胃口，便另去别处寻找可口的佳肴，

从而使这棵树免遭祸害。让人大吃一惊的是：当做实验的树木遭到虫害后，在65米距离以内，其他树木的叶子在2～3天内也发现有类似的变化——单宁酸含量增加，味道变苦，以此来防御昆虫对它们的侵害。实验结果充分说明了植物之间是有信息联系的。

1986年克鲁格国家公园里出现了一件怪事。每年冬季，这里的捻(niǎn)角羚羊有不少都莫名其妙地死去，但与它们共同生活在一

▲ 柳絮飘飞，传递信息。

个地方的长颈鹿却安然无恙。

原来，长颈鹿可以在公园内随意走来走去，长颈鹿可以到处挑选园内不同树木的叶子。而捻角羚羊则被圈养在围栏内，不得不吃限于生长在围栏内的树叶子。科学家还发现，长颈鹿仔细挑选它准备吃叶子的那棵树，通常从10棵枞(cōng)树中选1棵。此外，它们还避开它们已经吃过的枞树后迎风方向的枞树。专家研究了死羚羊胃里的东西，发现死因是它们吃进去的树叶里单宁酸含量非常高，这种毒物损害动物的肝脏。在研究长颈鹿胃里的东西之后，他们发现，长颈鹿吃入的食物品种较多，所吃入的枞树叶的单宁酸浓度只有6%左右，而捻角羚羊胃里的单宁酸浓度高达15%。

为什么在同样一些枞树的叶子内，而在不同动物胃里，单宁酸浓度不同呢？经研究，专家认为：枞树用分泌更多单宁酸的方法来保护自己免遭动物吞食。在研究中他们还发现：当枞树不止一次受到食草动物的侵袭时，枞树能向自己的同伴发出危险"警报"，让它们增加叶里的单宁酸含量。收到这一信息的树木在几分钟内就采取防御措施，使枞树叶子里的单宁酸含量猛增。

植物之间有传递"情报"行为，已被人们所公认，但它是如何传递的呢？它的"同伴"又是怎样接收到它的"情报"的呢？这些谜团还需要专家们进一步研究才能解开。

植物也有语言吗

因为人有语言，动物有"语言"，于是人们也想探索一下，默默无闻生活着的

▲ 植物在低语

植物是否也有"语言"？通过科学家们的努力，植物的"语言"逐渐被揭示出来。

20世纪70年代，澳大利亚的一位科学家发现植物在遭受严重干旱时，便会发出"咔嗒咔嗒"的声音，于是提出植物也有语言，这是最早的关于植物有语言的发现。

这件事引起了科学界的高度重视。

到了80年代人们不但听到了植物的语言，而且还录了音。植物"歌曲"录音带，是由美国沙乌斯·利士纳堡录音公司制作的。他们把两个精巧的微型电极接在植物的叶子上，当叶子进行呼吸时，便会发出微微的颤动，使电压产生微弱的变化。微型电极跟一个灵敏的话筒相接，话筒就会把植物发出的信号，由另一个仪表把它转换成声音。通过录音发现，不同的植物会唱出不同的"歌"。人们还发现，植物唱出的歌与环境有关，在阳光下或沐浴到水分时，它们的歌声就会变得格外悦耳动听。

最近，英国和日本的科学家，共同研制出一种"植物活性翻译机"，这种机器只要连接上放大器和合成器，就能够直接收听植物的声音。他们在研究中发现，当植物在黑暗中突然受到强光照射时，能发出类似惊讶的声音；当遇到变天、刮风和缺雨时，就会发出低沉、可怕和混乱的声音；好像它们正忍受着某种痛苦。平时，有些植物发出的声音好像口笛在悲鸣，有的则像病人临终时的喘息，还有一些叫声本来很难听的植物，当受到适宜的阳光照射或被水洗过以后，声音就会变得动听起来。

不过，植物到底有没有语言，还须进一步研究。

植物是否有血液

人和动物都有血液，那么植物有血液吗？

我国南方山林的灌木丛中，生长着一种常绿的藤状植物。每到夏季，便开出玫瑰色的美丽花朵。当你用刀子把藤割断时，就会发现，流出的液汁先是红棕色，然后慢慢变成鲜红色，与鸡血一样，这种植物叫"鸡血藤"。

▲ 山鸡血藤

南也门的索科特拉岛，是世界上最奇异的地方。据统计，岛上约有200种植物是世界上任何地方都没有的。其中有一种"龙血树"，它分泌出一种像血液一样的红色树脂，这种树脂被广泛地用于医学和美容。这种树主要生长在这个岛的山区。

英国威尔有一座公元6世纪建成的古建筑物，它的前院耸立着一株杉树，至今已有700年的历史。这株树高7米多，它有一种奇怪的现象，长年累月流

着一种像血液一样的液体，这种液体是从这株树的一条两米多长的天然裂缝中流出来的，这种奇异的现象，每年都吸引着成千上万的游客。这颗杉树为什么会流"血"，引起了科学家的注意。他们对这棵树进行了深入研究，也没找到流"血"的原因。要想揭开其中的奥秘我们只有等待着科学家们继续去努力探索。

关于植物是否有血液的问题也有待进一步研究。

▲ 山鸡血藤切面

究竟有没有吃人植物呢

世界上有食虫植物，这是众所周知的，但有不少地方在传说世界上还有吃人的植物，这是真的吗？

19世纪后半叶，德国一位名叫卡尔·李奇的探险家，到非洲马达加斯加岛探险回来后，对人说，他亲眼看到一种能吃人的树木，当地居民把它奉为神树。曾有一位土著妇女因为违反了部族的戒律，被逼迫着爬上神树，一会儿就被带有硬刺的叶片包裹起来，几天后，树叶重新打开时，只剩下一堆白骨。

为了证实是否真有吃人植物，1971年由南美洲科学家组成的一支探险队，也来到马达加斯加岛进行考察。结果他们根本没有见到吃人植物的踪影，只看到食虫植物猪笼草，还有一些带刺的荨(qián)麻科植物。

然而，时至今日，我们仍有时可以从报刊中看到有关吃人植物之类的报道。前些年，曾有人传说：在印度尼西亚的爪哇岛上，生长着一种叫"奠柏"的吃人树。这种树长着许多柔软的树条，树条密布在地上，当有人碰着这种树时，它的枝条就会像蛇一样很快地把人缠住，并慢慢地分泌出一种物质将人消化掉。

▲ 猪笼草叶

音乐促进植物生长之谜

动物具有听觉，对音乐有所反映是很易理解的。令人惊异的是，没有听觉被人认为"无知无情"的植物居然也能欣赏音乐。不仅如此，有时让它们欣赏音乐后还会产生奇妙的效果，促进这些植物的生长。

印度有一位科学家，他经常在花园里拉拉小提琴，或者放几张交响乐唱片，日子久了，他发现园中的花木长得格外地旺盛。后来他正式做起试验：在一块1亩左右的稻田里，每天播放25分钟交响乐。一个月以后，他发现，这块田里的水稻平均株高超过30厘米，比同样一块面积但没有听音乐的水稻要长得更加茂盛茁壮。

法国科学家曾作过音乐对植物产生效果的试验：通过耳机向正在生长中的番茄播放优美的轻音乐，每天播放三小时，欣赏音乐的番茄竟长到2千克之重，成了当年的"番茄大王"。不光是番茄，其他不少植物也似乎有音乐细胞，英国科学家用音乐刺激法，培育出了5～6重的大卷心菜；苏联人用类似的办法种出了2.5千克的萝卜，像足球那么大的甘薯和篮球大小的蘑菇。1958年时，我国有人用超声波音乐处理小麦、玉米、水稻和棉花，其结果是小麦的种子出芽率、水稻出苗率都大大提高，各种作物的生

▲ 稻田
不久的将来，也许听音乐能成为一种丰收丰产的途径。

长期则有所缩短，并增了产，棉花则提前吐絮，并提高了结桃率。

任何事情都是有限度的，过强的声波，不但不会促进植物生长反而是有害的。摇滚乐就植物就有巨大的危害，美国科学家曾作过一些试验：在摇滚乐的刺激下，植物会渐渐枯萎下去。

音乐是通过什么途径促进植物生长的呢？有的科学家提出：音乐中的每一个乐章都应该对应植物体内蛋白质的某一个氨基酸分子，一首曲子实际就是一个蛋白质完整的氨基酸排列顺序。这样，植物听到这一曲目时，体内的某特殊酶素会更加活跃，从而促进植物的生化作用及快速生长。事实真的是这样吗，还有待于科学家的进一步探索。

▲ 番茄

已经有科学家给番茄放优美的音乐，使它结出了4千克重的番茄。

植物睡眠之谜

植物睡眠在植物生理学中被称为睡眠运动，它不仅是一种有趣的自然现象，而且是个科学之谜。

每逢晴朗的夜晚，我们只要细心观察，就会发现一些植物已发生了奇妙的变化。比如常见的合欢树，它的叶子由许多小羽片组合而成，在白天舒展而又平坦，一到夜幕降临，那无数小羽片就成双成对地折合关闭，好像被手碰过的含羞草。

有时，我们在野外还可以看到一种开紫色小花、长着3片小叶的红三叶草，白天有阳光时，每个叶柄上的叶子都舒展在空中，但到了傍晚，3片小叶就闭合起来，垂着头准备睡觉。花生也是一种爱睡觉的植物，它的叶子从傍晚开始，便慢慢地向上关闭，表示要睡觉了。以上

▲ 合欢树

夜幕降临后，合欢树的叶子就会合起来。

▲ 蒲公英

所举实例仅是一些常见的例子，事实上，会睡觉的植物还有很多很多，如醉浆草、白屈菜、羊角豆等。

不仅植物的叶子有睡眠要求，就连娇柔艳丽的花朵也需要睡眠。生长在水面的睡莲花，每当旭日东升之时，它那美丽的花瓣就慢慢舒展开来，似乎刚从梦境中苏醒，而当夕阳西下时，它又闭拢花瓣，重新进入睡眠状态。由于它这种"昼醒晚睡"的规律性特别明显、故而得此"睡莲"芳名。

各种各样的花儿，睡眠的姿态也各不相同。蒲公英在入睡时，所有的花瓣都向上竖起闭合，看上去像一个黄色的鸡毛帚。胡萝卜的花则垂下来，像正在打瞌睡的小老头。

植物的睡眠运动会对它本身带来什么好处呢？最近几十年，科学家们围绕着这个问题，展开了广泛的研究。

最初，解释植物睡眠运动的最广泛的理论是"月光理论"。提出这个论点的科学家认为，叶子的睡眠运动能使植物尽量少地遭受月光的侵害。因为过多的月光照射，可能干扰植物正常的光周期感官机制，损害植物对昼夜变化的适应。然而，使人们感到迷惑不解的是，为什么许多没有光周期现象的热带植物，同样也会出现睡眠运动，这一点用"月光理论"是无法解释的。

后来科学家又发现，有些植物的睡眠运动并不受温度和光强度的控制，而是由于叶柄基部中一些细胞的膨压变化引起的。如合欢树、酢浆草、红三叶草等，通过叶子在夜间的闭合，可以减少热量的散失和水分的蒸发，尤其是合欢树，叶子不仅仅在夜晚关闭睡眠，当遭遇大风大雨时，也会逐渐合拢，以防柔嫩的叶片受到暴风雨的摧残。这种保护性的反应是对环境的一种适应。

科学家们提出一个又一个观点，但都未能有一个圆满的解释依据。

史前文明之谜

在人类诞生之前，地球上是否存在过类似我们今天的文明，或者相似的文明？这是我们每个人都感兴趣，然而又无法回答的一个问题，即使在学术界，也是众说纷纭，莫衷一是。

通天塔的修建

据《圣经》记载，古时候，天下的人本说同一种语言，后来古巴比伦人要修建一座能够通天的高塔，以建立自己的声誉。随着通天塔越建越高，惊动了上帝，他怕通天塔真的建成后，人类会了解天上的秘密，于是上帝便施展法术，使人们的语言互不相通，结果由于修塔的人互相无法沟通，通天塔的工程便半途而废了。

▲ 传说中的通天塔

这看起来像是一个荒诞不经的传说，但史学界许多人相信，《圣经》中的这段记载还是有所依据的，关键是这座通天塔指的是哪座。有人认为，传说中的通天塔就是古代两河流域新巴比伦王国时代巴比伦城内的大寺塔。这座塔兴建于公元前5世纪，历经了半个多世纪才建成，修建时，国王曾下令，一定要将塔顶提高，意与天公比高。这座高达90米的大塔，确实能给人以高入云天的感觉。更为有趣的是，考古发掘表明，大寺塔的建筑材料是砖和生漆，而《圣经》所描述的通天塔用的材料也与此相同。而且，当时巴比伦城内的居民种族很多，确实有语言不通的情况。可惜的是，大寺塔在公元前3世纪就被破坏了。

也有人不同意上述说法，认为在大寺塔建成之前，巴比伦城内就曾有两座神庙，一座叫萨哥埃尔，意为通向云中，另一座叫米堤犹拉哥，意为上与天平，这两座神庙才是关于通天塔传说的来源。还有人认为，传说中的通天塔是指位于巴比伦城东南的乌尔大寺塔，因为这座塔在巴比伦的寺塔中，修建时间最早，工程量最大。

是否有人真的修过通天塔，至今没有一个确凿的说法，最大的问题在于，上面提到的这些古塔，如今都已毁灭了，我们只能根据一些传说和考古发现来猜测。

亚特兰蒂斯的传说

古希腊伟大的哲学家柏拉图在他的著作中，曾经为我们描述过一个具有很高文明的大陆——亚特兰蒂斯大陆。柏拉图告诉人们，在这个大陆上有一个强大而美丽的帝国，统治着大片的陆地和岛屿，拥有历代帝王都无法比拟的财富，码头上停满了装满货物的船只，往来商贾如云……而如此繁荣的生活景象，竟然比柏拉图时代还早9000年，那么，距我们今天就足有12000多年了。

▲ 亚特兰蒂斯想象图

柏拉图是个严肃的学者，相信他不会信口开河的。而最早提到亚特兰蒂斯大陆的也不是柏拉图，而是古希腊的著名改革家梭伦。梭伦游历到埃及，听到一位祭司讲述了雅典人抵抗亚特兰蒂斯人的历史：约在9000年前的大西洋中，有一个大陆叫亚特兰蒂斯，这里土地肥沃，资源丰富，经济发达，拥有强大的军队，生活在这里的人们修筑了许多城堡、宫殿和神庙。扩大领土的企图，使亚特兰蒂斯人发起了征服地中海各国的战争。雅典的盟国一个个被消灭，只有雅典的军队还在进行着殊死的抵抗。恰在此时，一场强烈的地震发生了，天塌地陷，亚特兰蒂斯大陆沉入了海底，在地中海作战的亚特兰蒂斯军队失去了家园，只得投降认输。

但是，正如我们所共知的，今天我们所看到的大西洋上，并不存在这个亚特兰蒂斯，而且在对大西洋底的探测过程中，也没有发现这个大陆存在过的痕迹。因此，一些学者坚决否认亚特兰蒂斯的存在；然而，20世纪60年代以来，有关海底城市遗址被发现的消息不断传来，尤其是在大西洋底又发现了10000多年前地壳下沉、火山喷发和强烈地震的痕迹，这与亚特兰蒂斯的传说又有些不谋而合。亚特兰蒂斯是否存在之谜的解开，或许要有待于海底考古的深入进展。

示巴古国之谜

在《圣经·旧约全书》中，记载过一个颇为富有的古国——示巴国，说在公元前10世纪的时候，一个示巴国的女王带着大量香料、宝石和黄金等珍贵的礼物，去拜见以色列王。一直以来，人们都十分感兴趣，历史上是否真的存在过这样一个神秘的国度？经过学者们长期的研究和新的考古发现，已经初步认定，示

▲ 示巴女王天使环绕

巴古国并非仅仅是一个美丽的传说，而是确实存在过。专家们认为，《圣经》中所说的示巴国，位于濒临红海的阿拉伯半岛西面，是公元前10世纪兴盛一时的文明古国，在古代东方的发展史上起到过积极的影响。示巴古国由于紧靠当时的通商要道红海，与红海附近的以色列、埃及、埃塞俄比亚、苏丹等结成了密切的贸易关系，商业一度十分发达。示巴古国盛产香料、宝石、黄金，在商业贸易中处于有利的地位。据说，示巴商人会利用红海的季风之变，在每年的2～8月，当海风吹向印度洋和远东的时候，加大对这一地区的贸易运输，8月以后的海风回吹时，再随风而上，与以色列和埃及交往。这种利用季风贸易的本领，比希腊人早了近10个世纪。示巴古国的陆路贸易也很发达，骆驼商队活跃在阿拉伯半岛和西亚的广阔地带上。

示巴国的首都被认为是原阿拉伯也门共和国的东部城市马里卜。传说马里卜曾建有一个巨大的蓄水坝，大坝用石块铺砌得天衣无缝，显示了高超的建筑水平。这座水坝维持供水达12个世纪，到公元543年才因年久失修而塌陷。古希腊人曾把马里卜形容为一个用宝石、黄金和象牙装点起来的城市，其繁荣可见一斑。

不少示巴问题的研究者认为，这个古王国的居民来自幼发拉底河一带的闪米特人部落，他们崇拜太阳、月亮和星星，所用文字与古代腓尼基人相近，与古埃及手抄本的文字也有共同之处。

目前，对示巴古国的研究和发掘还只是初步的，对于它的文明失落的原因和演化还有许多尚待解开的谜。

金字塔之谜

建造之谜

埃及最大的金字塔是法老胡夫的金字塔。它大约建造于公元前2700多年。塔高146.5米，相当于一座40层高的摩天大楼。塔基成正方形，每边长230.6米，占地约52900万平方米。金字塔由大约230万块大小不等的石块砌成。最轻的石块1.5吨，平均重量约 2.5吨，总重量约684.8万吨。如果用载重7吨的卡车来装载，需要978286辆，如果把这些卡车一辆接一

▲ 金字塔

辆连接起来，总长度是6200千米。胡夫金字塔耸立于开罗以西10千米外的吉萨高原。那儿荒砂遍地、碎石裸露，是一片不毛之地。在这种地方修筑这样一座显然并非出于实用目的的建筑，设计者的目的究竟是什么？据研究，这座金字塔可以在风沙弥漫中继续存在10万年而不会损坏，这个时间结束以前，人类文明可能已经不复存在。

比大金字塔仅低3米的第二大金字塔是哈佛拉金字塔，塔旁还雄踞着一尊巨大的石雕—狮身人面像。据说：公元前2610年，埃及第四王朝的第三位法老哈佛拉，

▲ 风雨侵蚀下的金字塔

巡视了自己的快要竣工的陵墓，发现采石场还有一块弃置的巨石，就命令石匠，按照自己的脸型雕刻了这座石像。

石像高22米，长75米，头戴"奈姆斯"皇冠，额刻"库伯拉"圣蛇浮雕，下巴还下垂着五米多长的胡须。威严而又神秘。 1798年，拿破仑占领埃及时，曾下令用重炮轰击狮身人面像，结果，狮身像岿然不动，只轰断了几根胡须，现在保存在英国博物馆里，拿破仑曾粗略估算，如果把胡夫、哈佛拉、孟考夫拉三座相邻的金字塔的石块集中，可以砌成一道3米高，一米厚的石墙，把整个法国圈围起来。这么多的石块从哪里采的呢？据考证：一般石料，可能是就近取材。而用于外层的11.5万块上等白石灰石，则取之于尼罗河东岸的穆卡塔姆采石场；内部墓室的花岗岩，则取自500英里外的阿斯旺。采石、运输、下河、上岸，不仅需要大批的石匠、建筑工人、运输工人、水手，而且需要一批相当规模的工程师、施工员和管理人员、一支有足够的镇压能力的军队，也是必不可少的。而且，他们要吃、要穿、要住、要消耗，这就又要有一支庞大的服务人员。当然，这不包括劳力较弱的老人、妇女和儿童，也不包括不劳而获的僧侣和贵族。 据估计：支持这样的建筑工程需要5000万人口的国力，而一般认为，公元前3000年左右全世界的总人口也不会超过2000万人。 何况，已经发现的金字塔有80座之多，即使像希罗多德在《历史》中所说的，30年完成一座，总计也需2400年，埃及承受得了这样浩繁、这样长久的消耗吗？

学术之谜

胡夫金字塔本身有太多的神秘色彩：

自重×1015＝地球的重量。

塔高×10亿＝地球到太阳的距离

塔高^2＝塔面三角形面积

底周长：塔高＝圆围：半径

底周长×2＝赤道的时分度

底周长÷(塔高×2)=圆周率

你相信，这些数字仅仅是巧合吗？

另外，穿过大金字塔的子午线把地球上的陆地、海洋分成相等的两半。

金字塔基正好坐落在地球各大陆引力的中心。

还有，地球两极的轴心指向天空的位置每天都在变化，经过2.5827万年的周期，绕

▲ 金字塔内部

▲ 狮身人面像

天空一周回到原来位置，而金字塔对角线之和，就正好等于25826.6。奇怪吗？

人们苦思冥想，如果不是巧合的话，4500年前的古代埃及人怎么有如此精确的测算呢？

斯芬克斯之谜

许多学者认定，埃及金字塔旁的狮身人面像，就是源于古希腊的斯芬克斯的传说。在古希腊的神话中，有一个怪兽叫斯芬克斯，它长着人的面貌狮子的身躯，整天蹲在山洞里，把守着一个交通要道。每当有行人经过这里的时候，它都要出谜语给人猜：早晨四只脚，中午两只脚，晚上三只脚——打一动物。所有经过的人都回答不上来，斯芬克斯便以此为借口，把路过的人吃掉。后来，希腊青年俄狄浦斯经过这里，猜出了这个谜语的谜底就是人。自以为聪明的斯芬克斯感到无地自容，便跳下悬崖自杀身亡。

玛雅文化之谜

玛雅文化是人类已知最早的古文化之一，早在公元前3000年的时候，玛雅文化就在美洲发展繁荣起来。但不知什么原因，约在1000年前，玛雅人放弃了高度发展的文明，大举迁移，他们所创建的每个中心城市也都终止了建造新的建筑，城市在某一天被完全放弃，繁华的大城市变得荒芜，任由热带丛林将它们吞没。玛雅文明一夜之间消失于美洲的热带丛林中。关于玛雅文明的消失有着种种的猜测，有人说他们是受到了瘟疫、战争……它的消失与它的崛起一样，充满了神秘的色彩，为世人瞩目。

1952年6月5日，人们在墨西哥高原的玛雅古城帕伦克一处神殿的废墟里，发掘出了一块刻有人物和花纹的石板。当时人们仅仅把这当作是玛雅古代神话的雕刻。但到了六十年代，人们乘坐宇宙飞船进入太空后，那些参与过宇航研究的美国科学家们才恍然大悟：帕伦克那块石板上雕刻的，原来是一幅宇航员驾驶着宇宙飞行器的图画！虽然经过了图案化的变形，但宇宙飞船的进气口、排气管、操纵杆、脚踏板、方向舵、天线、软管及各种仪表仍清晰可见。这幅图画的照片被送往美国航天中心时，那些宇航专家们无不惊叹，一致认为它就是古代的宇航器。这似乎令人难以置信，但却是确凿的事实。

于是，有些学者提出了一种大胆的看法：在遥远的古代，美

▲ 玛雅文明遗迹

洲热带丛林中可能来过一批具有高度文明的外星智能生命，他们走出飞船，教给了尚在原始时代的玛雅人各种先进知识，然后又飘然而去。他们被玛雅人变为是天神。玛雅文化中那些令人难以理解的高深知识，就是出于外星人的传授。帕伦克石板上的雕刻，也是玛雅人对外星宇航员的临摹。外星人离去时，曾向玛雅人许诺重返地球，但在玛雅人的追求祭司预言天神返回的日子里，这些外星人并未重新返回。于是这导致了玛雅人对其宗教和祭司统治的信心丧失，进而引起了整个民族心理的崩溃，终于使人们一个个离开故乡，各自走散。玛雅文化就这样消失了。

也许人们会指责这种看法带有过多的假说意

▲ 玛雅人的面具

味。但即使否认了这种说法，也仍然无法圆满地解释玛雅文化那神秘的内涵，那众多令人不可思议的奇迹，以及它突然消失的原因。

玛雅人为何建造金字塔

埃及的金字塔是举世闻名的，而且人们也都知道，这些金字塔是古代埃及法老的陵墓。但是同样享有盛名的美洲金字塔，究竟是为什么而建就没有人能说得清楚了。在危地马拉的热带丛林中，有一座被遗弃的古城蒂卡尔，古代的玛雅人在这里用石头和石灰做建筑材料，建成了许多壮观的金字塔。这些金字塔一般为斜截锥形，由高大的台基及顶端的神殿构成，外观十分匀称。其中有的金字塔高达40米，斜面筑有石阶。按照玛雅

▲ 玛雅金字塔

人的宗教观念，金字塔是天和地的连接点，祭司通过石阶接近众神，而众神沿着石阶而下来探望人类。因此，在盛大的节日里，人们都聚集在金字塔前来敬奉众神。据此有人推测，玛雅金字塔可能是为众人聚会、宗教崇拜及奉献祭品的需要而建；但也有学者认为，玛雅金字塔具有天文观测台的功能，高耸入云的金字塔可以穿透热带雨林，使祭司得以登高远望，掌握丰富的天体运行规律，制订出精确的历法；在今天的考古发掘中，人们又发现，玛雅人在金字塔的底下埋了许多祭品，有黑曜石制品、燧石、贝壳、玉石、珠子等，这些祭品是供奉祖先的，还是献给众神的呢？由此又带出这样的疑问：这些金字塔是陵墓还是祭坛呢？

在玛雅文化的另一处著名遗迹——尤卡坦半岛上，著名的库库尔坎金字塔，又使人领略了另一番意境，这座金字塔高30米，平面为正方形，底大上小，塔身呈阶梯状，共分9层，顶上建有高达6米的神庙。塔的四面有宽阔的石阶，石阶两旁有1.35米高的扶墙，在朝北的两堵墙上，各雕刻一个巨大的长羽毛蛇头，每年秋分时节和春分时节，玛雅人都要在此载歌载

▲ 玛雅天文观测台

舞，欢庆蛇神的降临和离去。而在这两个日子里，阳光照在金字塔上，都要出现一番光影奇景。如此奥秘神奇的金字塔又意味着什么呢？所有这些，都让人产生无尽的遐想。

空中花园之谜

千百年来，关于"空中花园"有一个美丽动人的传说。新巴比伦国王尼布甲尼撒二世娶了米底的公主米梯斯为王后。公主美丽可人，深得国王的宠爱。可是时间一长，公主愁容渐生。尼布甲尼撒不知何故。公主说："我的家乡山峦叠翠，花草丛生。而这里是一望无际的巴比伦平原，连个小山丘都找不到，我多么渴望能再见到我们家乡的山岭和盘山小道啊！"原来公主害了思乡病。于是，尼布甲尼撒二世令工匠按照米底山区的景色，在他的宫殿里，建造了层层叠叠的阶梯形花园，上面栽满了奇花异草，并在园中开辟了幽静的山间小道，小道旁是潺潺流水。工匠们还在花园中央修建了一座城楼，矗立在空中。巧夺天工的园林景色终于博得公主的欢心。由于花园比宫墙还要高，给人感觉像是整个御花园悬挂在空中，因此被称为"空中花园"。

令人遗憾的是，"空中花园"和巴比伦文明其他的著名建筑一样，早已湮没在滚滚黄沙之中。我们要了解"空中花园"，只能通过后世的历史记载和近代的考古发掘。

不过也有些记载，虽然提到了"空中花园"，但认为传说中的"空中花园"并不是由尼布甲尼撒二世建造的，而是一位叙利亚国王为取悦他的一个爱妃而特意修筑的。有些记载甚至认为传说中的"空中花园"实际上指的是亚述国王辛那赫里布在其都城尼尼微修筑的皇家园林。

直到19世纪末，德国考古学家发掘出巴比伦城的遗址。他们在发掘南宫苑时，

▲ 空中花园遗址

在东北角挖掘出一个不寻常的、半地下的、近似长方形的建筑物，面积约1260平方米。这个建筑物由两排小屋组成，每个小屋平均只有6.6平方米。两排小屋由一走廊分开，对称布局，周围被高而宽厚的围墙所环绕。西边那排的一间小屋中发现了一口开了三个水槽的水井，一个是正方形的，两个是椭圆形的。根据考古学家的分析，这些小屋可能是原来的水房，那些水槽则是用来安装

▲ 后人关于"空中花园"的想象图

压水机的。因此，考古学家认为这个地方很可能就是传说中的"空中花园"的遗址。当年巴比伦人用土铺垫在这些小屋坚固的拱顶上，层层加高，栽种花木。至于灌溉用水是依靠地下小屋中的压水机源源不断供应的。考古学家经过考证证明，那时的压水机使用的原理和我们现在使用的链泵基本一致。它把几个水桶系在一个链带上与放在墙上的一个轮子相连，轮子转动一周，水桶就跟着转动，完成提水和倒水的整个过程，水再通过水槽流到花园中进行灌溉。这种压水机现在仍在两河流域广泛使用。而且，考古学家也的确在遗址里发现了大量种植花木痕迹。然而，到目前为止，在所发现的巴比伦楔形文字的泥版文书，还没有找到确切的文献记载。因此，考古学家的解释是否正确仍需进一步研究。总之，传说中的"空中花园"，它的真实面目依旧隐身于历史的迷雾之中。

迈锡尼文明的兴起与毁灭

自从19世纪70年代海因里希·谢里曼发现了迈锡尼城，人们就把公元前1450～公元前1100年这段希腊大陆青铜晚期的文明，作为一个重要的古文化谜案来探讨，因为在此之前，人们只能把迈锡尼作为神话传说中的故事来向往。而这100年来，面对着真实的迈锡尼时代

▲ 迈锡尼壁画

的王宫、民居、城砦遗址中的种种令人惊叹的发现，面对着从金质王冠、面具、器物到精美的壁画、各种工具、武器等迈锡尼时代的遗物，人们不禁又对这一文明的骤然兴起和走向毁灭产生种种猜想。

有人认为，迈锡尼文明是突然出现的，居民从农民、牧人突然变成了市民、艺术家、商人、水手，是米诺斯文明殖民扩张的结果，这可以从迈锡尼人的服饰、首饰、工具、武器、艺术品乃至宗教习惯、墓葬习俗中看出来；但也有的观点正与此相反，认为迈锡尼文化虽然受到米诺斯文明的影响，但却是具有各自基本点的两种不同的文明，迈锡尼人富有组织性，思想也已发展到了具有抽象思维能力的较高水平，完全有能力同化外来因素；还有人说迈锡尼的突然繁荣昌盛是由于大陆人去埃及参战，带回了金器和当地的一些习惯，使希腊大陆的生活发生了巨变；但立刻有人出来反驳说，迈锡尼的繁荣靠的是贸易而不是掠夺，也不是靠埃及的黄金。总之，一种观点的出现，总会招致相反观点的反驳，无法达成共识。

对于迈锡尼文明毁灭的看法，也出现了类似的情况，有人根据《荷马史诗》认为，特洛伊战争之后，一些希腊北方的游牧部落乘机进入迈锡尼的世界，导致了迈锡尼文明的毁灭；但有人则认为，在西北方的入侵者到来之前，迈锡尼世界已经衰落，衰落的原因，有人说是由于迈锡尼人内部的人祸，也有人说是由于连年的天灾。不同的观点相互无法说服的原因主要还是没有更多的原始资料加以佐证，而这又只能有赖于考古发掘的新进展了。

▲ 迈锡尼人展示的剑

化石中的脚印

三叶虫是一种细小的海洋无脊椎动物，与虾、蟹是同类。它们出现在6亿年前的地球上，而在2.8亿年前就灭绝了。人类从来没有和三叶虫这种生物在地球上同时存在过，但让人奇怪的是考古学家们在三叶虫化石中发现了人类的脚印。

1968年6月，美国的一位业余化石爱好者米斯特在犹他州的羚羊泉附近，找到了几块三叶虫的化石。当他用地质锤轻轻地敲开一块石片时，它像书本一样打开了。米斯特看到了令人吃惊的现象：被敲开的石片中，有一片上有一个人的脚印，脚印中央踩着几只三叶虫；另一片上也显现出几乎完整无缺的人脚印形状。从这两个脚印还可以看出，留下脚印的人们都穿着便鞋。于是，他们马上把自己的发现公之于世。此后不到1个月，著名地质学家伯狄克博士亲自到羚羊泉进行考察。他也获得了同样的发现，他发现的是一个小孩子的脚印。在此之后又隔了不到1个月的时间，另一位美国人也在羚羊泉含有三叶虫化石的岩层中发现了两个穿鞋子的人类足迹。

▲ 三叶虫

几个人的相同收获，使这一发现成为无可争议的事实。有关学者对取得的实物进行了全面的科学鉴定。结果表明，这些化石确属2.8亿年以前的地质结构。人们对这种人类文明进程中的反常现象感到十分费解。因为，人类的出现只不过是在四五百万年以前，而人类穿鞋的历史还不到4000年。在2.8亿年以前的地球上，不仅没有人类，也没有近似人类的生物。所以，在三叶虫化石中留下的这些和人类一样的脚印让人不可思议。

对这种反常现象，科学家们只能进行推断，提出比较能令人相信的解释观点。有的科学家认为地球上曾几度出现过人类文明，由于自然环境的分阶段剧变，使地球上的人类文明生生灭灭，灭灭生生。根据这种观点，三叶虫化石中的脚印，就可能是地球上2.8亿年以前某个人类文明阶段的发达人类留下的。还有的科学家认为宇宙中有着其他的智慧生命，他们可能生活在太空中的某一个星球上，也可能就在太空中不停地遨游。他们多次光顾地球，三叶虫化石中的脚印很可能是他们留下的。

▲ 化石

三叶虫化石中的脚印到底是怎么来的，至今还不能搞清楚。

非洲屋脊上的独石教堂

埃塞俄比亚是一个山地高原国，海拔在2500～3000米，有"非洲屋脊"之称。这里的高山几乎全是火山，火山灰同熔岩凝合在一起。石匠们在岩石上开凿出一座座教堂，最著名的是拉利贝拉岩石教堂群。初看起来，这些教堂像是用石块一块块砌起来的，但实际上每座教堂都是用一整块巨大的岩石凿出来的，因此也称这些教堂为"独石教堂"。建造独石教堂时，首先由经验丰富的工匠选择好面积达50～100平方米的大岩石，四周挖出沟壑，使它和山体分离出来，然后根据周密的设计，把它中间凿空，并精心地凿成教堂的模样。

▲ 埃塞俄比亚独石教堂

拉利贝拉岩石教堂共有11座，分成3群，它们在布局、比例、风格上都各有特点，教堂间由地道、深沟和涵洞相连，这些教堂至今仍在使用，到教堂礼拜已成为当地村民生活的一部分，礼拜者多得惊人。

这些雄伟的教堂为什么要建在荒凉的山区呢？有人认为，这是为了安全和隐蔽，以防备入侵者的破坏；也有人认为，这是宗教上的原因，教堂必须同大地连成一体，伸向天空，从而把上界和下界连接起来；还有人认为，当时阿克苏姆王朝的一些先进建筑技术失传了，因此只能开凿岩石来建筑教堂。看来，荒凉山区的独石教堂还有许多奥秘未被揭开。

巨石林之谜

在法国北部布列丹尼的卡纳克村外，竖立着近3000块石柱，排列成几条平行的直线，这些石柱属于史前遗迹，高度从5.4米至6米不等，参差错落，蔚为奇观。

这个石林在公元前4000年前后出现，在郊野上绵延近4.8千米，非常壮观，其中一块称为"巨石柱"，原本高18米，重340吨，如今已崩裂为四块。

这些石柱为何立在卡纳克村已无从稽考。由于缺乏图文资料，石林的确实意义也无法得知。考古学家发现，附近有些用石头搭成的史前墓葬，所以猜想这些石柱是为了纪念死者而竖立的，在布列丹尼语中"卡纳克"的意思正好是"骨殖坟

▲ 巨石林

场"。

石柱沿东西方向排列，位置显然与冬至、夏至、春分、秋分四个节气的日出方向一致，因此许多考古学家推测，布置石柱的人是崇奉太阳的。

有人又推测，石林是占星祭司所设置的观月台，用来观察天象，预测月食的时间；又可能是生育能力的象征，因为当时的人念念不忘获得丰收和健康的子女。据说到了19世纪，膝下犹虚的育龄夫妻还会到卡纳克村，裸着身体跳舞，祈求能生儿育女。

如今，考古学家仍在继续研究，希望有朝一日能揭开这些石柱的秘密。

复活节岛巨雕是谁的作品

▲ 复活节岛巨雕

雅各布·罗格维恩将军率领荷兰海军的船队，朝着中南太平洋上一座海图上未标明的岛屿前进，突然发现，许多身高9米的巨人正守卫在巨大城墙上。这番情景使他大吃一惊。

当船驶近岛屿时，罗格维恩才松了一口气。原来，那些巨人是石雕像，而岛上的居民和正常人一样大小。第二天，罗格维恩将军带着登陆小分队上了岸，他们发现，所谓"要塞"只不过是放置雕像的一个个平台，平台上立着半身石雕像，这些雕像都有长耳朵，围着红头巾。这天正是1722年的耶稣复活节，于是罗格维恩把这个岛命名为复活节岛，随后就率船队离开了。

约50年后，欧洲人又登上了复活节岛，又过了100年，人们才开始进行深入考察。这时，雕像不再像罗格维恩见到的那个样子了。由于部落之间的战争，大部分雕像已经从平台上塌到地面上来，一直保持到今天。

人们发现，石雕是用拉诺·拉拉卡死火山口的火山岩雕成的，一共超过300尊。石料采自火山壁，不知雕好后是怎么把它们运下来、直立在平台上的。

火山口里还有大约400尊未完工的雕像。有的只有不多的斧凿痕迹，有的则几乎已经可以搬走。人们还找到了古代雕刻家遗留下的短斧和凿子。从火山口下来的路上，分散着几十尊已完工的雕像，大约每隔45米一尊。

有几尊雕像重约30吨，高3.7米。还有一尊未完工的雕像，高20米，重约50吨。

有些雕像离火山口有16千米远。当时的岛民是如何运送这些雕像，又是如何把它们竖立起来的？专家们百思不得其解。他们想到了人们惯用的滚木运输法，但反复试验表明，岛上的土壤不可能长出这种方法所需要的大规格树木。另一种可能是：用藤编的绳索来拖石雕像。但实验表明，这种绳索承受不了30吨的拉力。

复活节岛上的巨石是如何运送来的，它们又是如何站起来的？这个秘密也许永远无法揭开。

撒哈拉史前壁画

非洲的撒哈拉大沙漠，纵横于大西洋沿岸直到尼罗河畔的广大北非地区。撒哈拉大沙漠炎热无比，最高温度接近60℃。在这里，你只能看到一片片黄沙和干裂的土地，植物生长是很少见的，但距今3000多年前，这里却是一片绿洲。

19世纪中叶，德国青年探险家巴尔斯在阿尔及利亚东部的恩阿哲尔高原地区发现了巨大的岩石壁画。

现在，人们已在撒哈拉发现了100多处史前文明的村落遗址和近万件壁画

▲ 撒哈拉大沙漠

▲ 撒哈拉史前壁画

作品。这些珍贵文物揭示了撒哈拉的绿洲时代和这里曾产生、繁衍过的史前文化奇观。

现在，历史考古学界已经认定，撒哈拉的史前文明是非洲土著黑人创造的。他们生存在新石器时代晚期，经历了母系社会向父系社会转化的历史阶段。

各个不同历史时期的壁画，为我们揭开了撒哈拉地区生态环境演变的大致进程。

公元前5400~前3000年，这里曾是一片肥美的绿洲。而公元前3000年以后，水牛、河马和犀牛等水中动物形象逐渐从壁画中消失了，这说明这一地区的水资源逐渐减少，生态环境逐步恶化了。在公元前200年左右绘制的壁画中，出现了骆驼的形象。显然，在此之前的某一段时间里，沙漠已经代替了绿洲。

现在人们无法回答的问题是：撒哈拉是怎样变成沙漠的？这块史前文明土地上的衰落和消失是不是直接和生态环境的变化有关？

撒哈拉壁画大部分都是用恩阿哲尔高原盛产的赭石色页岩研磨的颜料绘制的。岩洞中还发现过用页岩制作的调色板和残留的赭石颜料、小石砚和磨石等调色工具。壁画上的五颜六色，历经数千年的风雨侵蚀却丝毫不褪色，一些壁画的内容和技法也使人很吃惊。有一幅被学者称为"伟大的火星神"的人物岩画，其表现手法和人物外形都酷似法国抽象绘画大师毕加索的作品，人们难以理解远古时代撒哈拉地区的绘画大师们为什么会用这种变形的艺术手法作画，这到底象征着什么？

撒哈拉壁画显示了历史发展的进程，但同时又给历史考古学界带来了不少难题。

揭开人类最早文字的面纱

人类最早的文字究竟是什么？这是考古学家一直争论不休的问题。是公元前3500年居住于两河流域地区的苏美尔人创造的楔形字，还是商周（公元前16~前11世纪）后期的甲骨文，或是古埃及的象形文字？

有些考古学家认为，从新石器时代起，幼发拉底和底格里斯两条大河哺育了许多农业村落。约公元前3000年，从外部迁移到伊拉克南部干旱无雨地区的苏美尔人利用河水灌溉农田，并在生产中发明了世界上最早的文字—楔形文字。用一种楔形的尖棒在泥板上刻写字迹，从而创造出一批最早的城市国家和灿烂的苏美尔文明。

另有一些考古学家认为，古埃及的象形文字是人类最早的文字。埃及最古老的历史文献还是于19世纪在古城遗址发现的纳米尔石板。公元前3100年，在埃及沙漠的一块悬崖上刻着一幅有5250年历史的壁画，描绘的是一个胜利的君王。他也许就是蝎子王，一个曾被认为只属于神话传说中的人物，而他也许就是建立埃及文明的关键人物。目前在美国耶鲁大学任教的埃及考古学家达内尔夫妇，最近发表

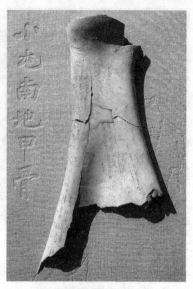

▲ 刻有甲骨文的牛骨

了关于他们在埃及开罗以南沙漠地区悬崖峭壁上发现的石刻绘画的研究报告，声称此画中的统治者是埃及神话传说中的魔蝎大帝，而且该画中的符号同埃及后来才出现的楔形文字相当接近。

19世纪60年代，日本人在北海道的手宫公园里发现了一个奇异的石洞，这个石洞的岩壁上有着一些与古文字十分相似的石刻，这引起了考古学家和文字学家的重视。他们对手宫石洞进行了深入发掘，认定这是古人留下的遗迹，而不是如某些人传言是近人的伪造。学者们对这些石刻进行了认真的辨别和研究，倾向于认为它们不是史前壁画，而是一种真正的象形文字。但是这些文字到底该如何解读，它记载了些什么？这还不能断定，于是，人们的推测也就多了起来。

▲ 商代狩猎甲骨文

它是商王武丁时期的一块牛胛骨记事刻辞。骨片巨大完整，共有160余字。

中国文字的起源

汉字是世界上最古老的文字之一，但它到底古老到什么程度，具体起源于何

时，又是文化史上极富争论性的一个问题。

从战国时代，我国学者就开始注意汉字起源的问题了，其中对后世影响最广的一种说法就是仓颉造字说，但仓颉是什么时代的人，却也众说不一。司马迁、班固、韦诞、宋忠、傅率都说他是黄帝的史官；崔瑗、曹植、蔡邕、索靖说他是古代的帝王；徐整说他是在神农、黄帝之间；谯周认为他在黄帝之世，等等。仓颉造字的方式，有人说是统一了文字的书写方式，流传后世，有人说是发明了象形之文。此外，有人把结绳记事作为汉字的起源，有人把八卦视为汉字的起源，这些都是一家之说。

目前，一种较为普遍的说法是，汉文字是由人民集体创造的，经"巫"和"史"整理而成。有的史学家认为，到了殷商时代中国才有了文字：青铜器铭文和甲骨文。但也有史学家提出，殷商时代的甲骨文已很成熟了，中国文字的起始应从此往前推，前推多少，众说不一，有的主张至少上推1000年，有的主张推到夏以前，也有主张推到夏末的。在考古学家的发现中，对汉文字起源认定的依据也不一样。有人在仰韶期的文化遗址中曾发现很多长方形的石板，有刻画过的，怀疑是原始的文字；也有人从早于夏朝的陶器上所刻画的图案来分析文字的初始形态。郭沫若曾在《古代文字之辨证的发展》一文中提出过以半坡彩陶上刻画的条文为中国文字的起源，半坡遗址距今有6000年左右，但对半坡彩陶上刻画的符号的含义，却还没有阐明。

中国文字的起源，还需大量有说服力的材料佐证。

▲ 我国古代的象形文字

▲ 刻纹陶尊

　　1957年在山东省莒县陵阳河出土。这个陶尊是夹砂灰陶，器壁较厚，器表磨光。通体饰纹，腹部阴刻出似由太阳、月亮、山峰层叠组成的图像。图像似可释作"旦"字，如果是，则为中国最早的象形文字。

海底洞穴古老壁画之谜

1998年7月的一天，法国职业潜水员昂利·库斯奎同3位潜水学会的会员，一起潜入地中海摩修奥湾40米深的海底。在海底，他们发现了一个奇异的拱形洞窟，他们来到洞里面，发现洞壁颜色白、蓝交杂，钟乳、石笋如林，景象十分奇特。在一块大石头上，库斯奎还看到一只手的图案，他赶紧把洞内奇妙的图案一一拍了下来。

两天后，库斯奎取回洗好的照片，他发现图案上的手不是一只而是三只。他产生了浓厚的兴趣，认为这可能是古人留下的杰作。于是，他和同伴再次来到海底，这次他们有了更多的收获。在洞窟里一面

▲ 拉斯科洞壁画

由1.7万年前的原始人涂抹在法国西南部多尔多涅省附近"拉斯科"岩洞内壁上，是旧石器时期岩画的代表之一，在美术史上占有重要地位。

石壁上画着一排马，是用像炭一样的黑颜料画的，画面上蒙着一层半透明的方解石。洞顶上有一幅巨角黑山羊图，还有一幅雄鹿图。另一面石壁上画着两头大野牛和更多大手印般的手掌，有的五指不全。还有一个猫头和三个企鹅图。有些画显然是部分或完全重叠在一起，甚至还有怪异的几何符合。

库斯奎把他的发现报告给了法国考古研究部，但专家们都对此表示怀疑，因为证据只是一些图片，况且法国东部从未发现过什么洞窟壁画。但史前研究权威和资深潜水员让·库尔丹提出了有利的观点，他说在卡西斯湾发现过旧石器时代的遗骨，而且海底还有许多洞穴在几万年前原是人类的居所，当时地中海的海岸线是在一百多米外，后来才给海水淹没的。海底考古专家让·克洛德也出面支持，认为还是应该先派专家去现场勘察，再下结论。

于是，几天后库尔丹等专家随库斯奎潜入海底，眼前的景象让库尔丹惊叹不已："这是欧洲考古史上最重大的发现之一！我从未见到过这样一类的景象！"壁画不仅完全像库奎斯先前所描述的那样精美，而且还发现了更多的壁画内容。

经过紧张的鉴定之后，再也没有人对此表示怀疑了。让·克洛德完全相信从洞中带回来的资料。他说："马、野牛、山羊等壁画和雕刻全部有着旧石器时代的特征。例如，那时候画的野牛角总是弯曲或半弯曲的，蹄从来不画出来，腿总是缺掉最后的一截。这一切可以说明它们比著名的拉斯科洞的画还要早。"

让·克洛德的初步推断，得到了实验室测定结果的支持。检测由里昂市全国科学实验所技师雷克埃温主持，根据碳测年法测定，这批画已有18000多年的历史了。

18000多年，已远远超出人类文明历史的极限，已变得十分遥远，科学家还能读懂这部"洞穴巨著"，还能破解这一史前之谜吗？

米诺斯迷宫之谜

古希腊诗人荷马在《奥德赛》长诗中，叙述了克里特岛的故事。这岛上有个强盛的米诺斯王国，而王后与公牛怪私通，生下一个牛首人身的王子。牛首怪不食人间烟火，却要吃人，他武艺高强，刀斧不入，横行宫廷。国王无奈，命建筑师戴达罗斯造一座迷宫，将怪物关起来。牛首怪再也出不来了，但他每九年至少要吃七对童男童女，否则会把宫廷闹翻天。祭品由臣服的雅典城邦奉献。

▲ 米诺斯王宫复原图

雅典第三次进贡一对童男童女时，英俊勇武的王子提修斯自愿充当童男，借以入宫伺机诛杀牛首怪为民除害。提修斯乘船来到克里特岛，公主阿莉阿德尼对他一见钟情，两人坠入爱河。公主送他一团线球和一柄魔剑，他系线进入迷宫，在迷宫深处找到牛首怪，经过一番殊死的搏击，诛杀了怪物，然后由公主牵线走出迷宫。

荷马史诗传世之后，人们寻遍克里特岛，根本找不到迷宫的影子。根据古希腊的历史以及克里特岛出土的青铜器，这岛上确实有过强盛的米诺斯王国。然而，这个王国早在公元前15世纪前后消失，荷马撰诗则在消失之后四五百年。荷马根据什么写出迷宫的故事？不是虚实参半的杜撰，就是面壁虚构的幻想了。

1894年英国考古学家伊文思首次登上克里特岛实地考察，在史前废墟上找到许多象形文字碎片，回国后提出希腊本土古文明可能起源于克里特岛的新颖看法。在社会各界的资助下，伊文思1899年重返克里特岛，向希腊政府购得大片废墟土地，开始发掘。

发掘点在岛北的克诺索斯，当时荒无人烟，只有一座茅屋。伊文思带领工人开始了长达25年的发掘。1900年旗开得胜，在厚厚的浮土下面发现了2.33万平方米的米诺斯王宫遗址，纵横交错的墙基呈现在人们面前。清理积泥后，呈现出一个扑朔迷离的迷宫。

王宫坐落于凯夫拉山的缓坡上，依山起伏。中央是一个长方形庭院，四周分布着1500多间宫室。各宫室以长廊、门厅、复道、暗门、阶梯相连，千门百廊，曲巷暗堂，忽分忽合，前堵后通，神机莫测，是名副其实的迷宫。

墙体上残留的壁画，集中代表了米诺斯文明的水平。觐见室画着三只带有翅膀和蛇尾的鹰头狮，乃是克里特人膜拜的图腾；那御座略似现代的高靠背椅，当今海牙国际法庭首席法官的座椅即依此仿造。西宫北墙的《斗牛》，一少年猛按住恶牛之角，另一少年痛击牛臀，一少女弹起而倒立牛背之上，依稀传达了提修斯力挫牛首怪的信息。

米诺斯王宫是否荷马史诗所指的迷宫？在第二个迷宫没有发现之前，似乎可以这样肯定。牛首怪之说不可信，但米诺斯国王残暴成性，怕人暗算，造一座刺客进不来的官邸供自己享用，却是合情合理的。而事实的真相究竟是什么，至今还是一个谜。

诺亚方舟之谜

"诺亚方舟"是出自圣经《创世纪》中的一个引人入胜的传说。由于偷吃禁果，亚当夏娃被逐出伊甸园。此后，该隐诛弟，揭开了人类互相残杀的序幕。人世间充满着强暴、仇恨和嫉妒，只有诺亚是个义人。上帝看到人类的种种罪恶，愤怒万分，决定用洪水毁灭这个已经败坏的世界，只给诺亚留下有限的生灵。

上帝要求诺亚用歌斐木建造方舟，并把舟的规格和造法传授给诺亚。此后，诺亚一边赶造方舟，一边劝告世人悔改其行为。诺亚在独立无援的情况下，花了整整120年时间终于造成了一只庞大的方舟，并听从上帝的话，把全家八口搬了进去，各种飞禽走兽也一对对赶来，有条不紊地进

▲ 和平鸽

和平鸽的象征和平出自于"诺亚方舟"的故事。

入方舟。7天后，洪水自天而降，一连下了40个昼夜，人群和动植物全部陷入没顶之灾。除诺亚一家人以外，亚当和夏娃的其他后代都被洪水吞没了，连世界上最高的山峰都低于水面7米。

上帝顾念诺亚和方舟中的飞禽走兽，便下令止雨兴风，风吹着水，水势渐渐消退。诺亚方舟停靠在亚拉腊山边。又过了几十天，诺亚打开方舟的窗户，放出一只鸽

子去探听消息，但鸽子一去不回。诺亚又把一只鸽子放出去，要它去看看地上的水退了没有。由于遍地是水，鸽子找不到落脚之处，又飞回方舟。七天之后，诺亚又把鸽子放出去，黄昏时分，鸽子飞回来了，嘴里衔着橄榄叶，很明显是从树上啄下来的。诺亚由此判断，地上的水已经消退。后世的人们就用鸽子和橄榄枝来象征和平。

这就是"诺亚方舟"故事的由来，虽然是个传说，但由于《圣经》中记载的很多事情都被证实是真实的，譬如，在一次战争中，一位军官根据《圣经》中的记载，成功地找到了大山里的一条秘密小道，并通过这条小道突然出现在敌人面前，取得巨大胜利。如果能证明"诺亚方舟"也是真实的，那么这个发现肯定将在全世界引起轰动。所以，很多年以来，许多国家的圣经考古学家都希望揭开这个千古之谜。

印加帝国灭亡之谜

代表着印加帝国的印加文明起源于南美洲气势磅礴的安第斯山脉—的的喀喀湖畔。

印加文明非常的灿烂夺目，他们有统一的语言，比欧洲历法精确的多的历法，极为先进和复杂的计算方法，甚至有天平。同时，印加人还有严禁周密的宗教制度，高超的让人难以想象的建筑技术。与此同时，印加文明中也有让人觉得奇怪的事。诸如，印加人没有发明自己的文字，没有自己的货币。即使是

▲ 马丘比丘印加文明遗址图

这样，印加人也有办法解决。例如说，他们所进行的贸易靠物品对等交换来解决没有货币的问题。他们的计算方法是在长草绳上打结。因为没有文字，同时又要把一些事记录下来，并继承下去，印加人便挑选出最美丽的少女来祭印加文明中的神——"太阳神"，并且让她们记住一切事，需要时便让她们启口复述。也就是说，那些被选出的少女就是印加人的书，就是印加人的历史。

拥有如此聪明才智的印加人却在一夜之间忽然消亡了，就像是人间蒸发。那是在公元15世纪，西班牙殖民者用诡计骗到大量财宝后，杀死了印加帝国的皇帝。当他们冲入印加首都库斯科，打算搜寻宝藏时，他们发现那里已经变成了空无一人的死城。

许多考古学家在安第斯山脉中，先后发掘达到许多印加帝国的遗迹，推断印加人抛弃了辛苦经营的帝国，来到蛮荒的山地中再建王国。由于印加人民没有文字，使得遗留下来的问题更具神秘性。又有一些学者根据印加人的记录，大胆推测当时

印加帝国虽然拥有高度文明，但却被突袭而来的恐怖瘟疫横扫全国。然而，就算是发生瘟疫，难道当时的西班牙人具有免疫力？即便印加人面对瘟疫垂首等死，可是百万的人口，怎能都消失殆尽呢？

这一个个的谜团，还有待历史学家、考古学家去探索、发现！

神秘之都——佩特拉

佩特拉的地理位置极其神秘。它隐没在死海和阿克巴湾（今天的约旦国境内）之间的山峡中。

佩特拉希腊文意为"岩石"，在圣经《旧约全书》中称其为"塞拉"。这座古城最独特的地方是它所有的建筑物都是在朱红或赭石色的岩石上开凿而成的，在朝阳和晚霞照映下，闪烁着玫瑰红的光泽。所以，后人便称它为"石头城"或"玫瑰城"。

据约旦古代文献记载，佩特拉的历史可以追溯到史前时代。公元前4世纪前后，有个早先过着游牧生活的部族纳巴特人，从阿拉伯半岛北移进入了约旦阿拉伯东部、亚喀巴与死海间的一片狭长区域，当他们逐渐控制了这一地区之后，就在易守难攻的佩特拉建立了纳巴特王国的首都。

由于佩特拉一半凸出，另一半镶嵌在环形山的岩石里，所以，纳巴特人在山岩中开凿出来的这座都城，四处都受到悬崖的保护。古城唯一的入口是狭窄的山峡，大有"一夫当关、万夫莫开"之势，即使在古代烽烟四起的年代，敌人也无法集结大批的军队攻城。特殊的地理环境，使佩特拉能相对处于和平和稳定的环境之中。

▲ 佩特拉古城

佩特拉地处从阿拉伯半岛到地中海的贸易之路上，控制着中东地区当时沙漠商队运送货物最为重要的贸易通道。善于经商的纳巴特人给从此地过路的商队提供方便并向他们征收税款，积累了不少财富。公元前2世纪时，佩特拉日益富强，当时的纳巴特王国不仅在铜的冶炼业、农业和畜牧业有了很大的发展，而且商业贸易也很发达。佩特拉成为埃及、叙利亚与希腊、罗马之间商路上最重要的中转站之一。

公元前65年左右，当时的纳巴特国王阿尔塔斯二世铸造了自己的钱币。在阿尔塔斯三世统治时，其王国的版图由大马士革一直伸延到红海地区。公元1世纪时，罗马人控制了佩特拉周围地区。公元106年，罗马人夺取了佩特拉之后，佩特拉城市和周边地带成了罗马帝国的一个省，但它也是罗马帝国最繁荣的一个省。在罗马人统治下，佩特拉再度繁荣起来。讲究秩序和奢华的罗马人铺筑商道，改进灌溉设施，修建剧场，建造大街和拱形大门、石柱等，也把古希腊—罗马的建筑风格带到了佩特拉。于是佩特拉又出现了在石壁上凿出的希腊式廊柱和罗马式拱门的建筑。

4世纪初，佩特拉被东罗马帝国所占领，不久又经历了几次大地震，破坏了大部分地面建筑，拜占庭人便遗弃了佩特拉。7世纪，佩特拉被阿拉伯人所征服，但由于它远离大马士革和巴格达，已无法再现往日的繁华，后来竟成了叙利亚到埃及或阿拉伯半岛驼队经过的落脚点。此后，佩特拉再次被人遗弃，纳巴特人也在漫长的时间里不知去向了。

佩特拉城的兴衰历史在所有遗存的古城中应该是最为清楚的了。然而，这反而使导致它几度兴衰的原因变得更加令人费解。谜题依然存在，而我们只能等待考古学家通过进一步的研究和发现带来较为准确的答案。

奥尔梅克文化之谜

奥尔梅克是一支被遗忘了的文化，早期的西班牙和印第安史学家曾描述过生活在中美洲的古代奥尔梅克人：文身、黑齿、剃发、蓄须。但不知什么原因，他们逐渐被遗忘了，直到进入20世纪40年代才被重新发现，受到学者们的关注，但至今也没有人能揭开这一民族文化的神秘面纱。

在奥尔梅克人遗址有许多形状不同、用整块巨石制成的雕刻品，体积宏大，造型奇特生动。最令人惊叹的是那些巨大的人头雕像，高达2.5米以上，重量超过30吨，用玄武岩雕成。有意思的是，在奥尔梅克人的住地，找不到这些雕刻的原料，需要跋山涉水到很远的地方，才能采集到这些石料，真不知在原始生产条件下的奥尔梅克人是如何搬运的！这些大雕像面部扁平，眼睛具有蒙古人的特征，眼球突出，眼皮沉重，鼻子平阔，嘴的特征最为奇特，半张着，露出牙床，上唇平而翘起，下唇呈现弯曲状，与美洲虎的嘴部特征颇为相近。据说美洲虎是奥尔梅克人的崇拜物，因此一些人猜测，这些石雕的用途与宗教崇拜祭祀有关。

目前，学者们还没有考证出奥尔梅克人的起源，但相信他们与所有的中部美洲人一样，可能是来自北方，在种族上属于蒙古人的分支。但是他们是如何来到美洲的，从什么地方发展起其独特文化的，与其他种族是如何相互影响的，还都没有确切的答案。"奥尔梅克"一词的原意是橡胶地区的居民，而根据16世纪编年史家和历史学家的材料，奥尔梅克人不仅居住在产橡胶的地方，还分布在墨西哥的高原地区，其极盛时期约在公元前1200～公元前500年之间。关于奥尔梅克文化的独立性是最令人难解的，许多迹象表明，奥尔梅克文化对古代中美洲其他文化的形成和发展影响很大，被称为这一地区的文化之母，但20世纪80年代初的考古研究又发现，那里的玛雅出土文物比奥尔梅克文化的存在早近千年，这两种文化之间的关系就很难解释了，甚至有些学者怀疑，历史上的奥尔梅克人作为一个独立的民族存在的可能性有多大；而大多数人坚信奥尔梅克文化是独立存在的。

不可思议的太阳门

　　蒂亚瓦纳科文化是公元5～10世纪之间影响今天秘鲁全境的重要文化，这一文化的象征——太阳门，由重达百吨以上的整块巨石雕刻而成，高3米多，宽近4米，中间是一个门洞，门楣中央刻有一个人形浅浮雕，头部放射出许多道光线，双手各持着护杖，两旁平列着三排48个较小生动的形象，上下两排是带有翅膀的勇士，中间一排是人格化的飞禽，整个浮雕展现了一个深奥复杂的神话世界。据说每年9月21日黎明的第一道曙光，总是准确无误地射入门中央。印加人创造这一文化的时代，还没有使用轮子的运输工具和负重的牲畜，能造出太阳门这样宏伟的建筑确实令人不可思议。关于太阳门的建造，当地有两种传说：一种传说是，一双看不见的手在一夜之间造起了太阳门；另一种传说是，太阳门周围的雕像原是当地的居民，后被一个外来朝圣者变成了石头。

　　为了弄清蒂亚瓦纳科文化的秘密，一位美国考古学家经过科学考证认为，太阳门等建筑在公元1000年前建成，这里原是宗教圣地，朝圣的人们跋山涉水去那里举行朝拜仪式，并在朝拜时带来了建筑材料，建筑了太阳门等宏伟建筑。但无法解释的问题是，以当时的生产力水平，把上百吨重的巨石从5千米外的采石场拖到指定地点，至少需要26000多人的庞大运输队伍，而这些人的食宿问题要有一个大型的城市来解决，而当时是绝对没有的。据此有人提出，是不是用船在湖上把石料运来的？据考证，当年附近是有湖的，但即使这一说法成立，那运石所需要的船则要比几个世纪后侵入到这里的殖民主义者的船还要大好几倍，这简直就是不可想象的事情。

　　由于对太阳门的建造争来论去总无定论，因此也不时有人提出一些异想天开的说法，例如有人就提出太阳门是外星人造的一扇通往外星的门。